# INTRODUCTION

Je viens vers toi, lecteur, pour te révéler ou te rappeler certaines évidences, certaines connaissances, ou quelques ressentis oubliés.

Je viens vers toi, lecteur, pour te raconter, pour passer du temps, pour te secouer, te faire bouger.

Je viens vers toi parce que je suis le besoin.

Je suis aussi le narrateur et je vais te prendre sous mon aile telle une colombe qui, tout au long du voyage dans cet ouvrage, va survoler la vie ordinaire, nos sentiments les plus sincères ou nos ressentis les plus profonds.

Je t'invite à m'accompagner et à te laisser aller à ce vol libérateur. En voyageant dans ce livre, tu me retrouveras tantôt dans les paroles de Missa, tantôt dans celles de tonton Gaby, tantôt dans celles de la maman de Missa, tantôt dans celles du narrateur, comme un observateur de cette vie et des choses ordinaires qui s'y déroulent.

Je viens vers toi, lecteur, pour te conter, te raconter la vérité simple, sincère et pure d'un quotidien ordinaire, d'une aspiration, d'une révélation.

Es-tu prêt à me suivre, à te laisser aller, à poser tes bagages, et tes principes ?

Es-tu prêt à te libérer ?

Alors, allons-y !

☼

Missa a 14 ans et demi. Elle habite dans une petite ville où, jusqu'à sa récente réussite au brevet, elle était collégienne. Elle y vit avec ses parents et son petit frère. C'est une jeune fille simple, dynamique, curieuse, au caractère enjoué et spontané, et qui aime plaisanter. Sa vie sociale est banale pour son âge. Les réseaux sociaux y jouent un rôle très actif.

Chaque jour, pour se rendre en cours, elle empruntait deux bus, de même au retour, sauf quand ses parents ou les parents de ses amies pouvaient la conduire au collège.

Aujourd'hui, elle est heureuse, car elle a atteint les objectifs qu'elle s'est fixés. Elle vient d'obtenir son brevet et songe à présent au lycée dans lequel elle étudiera désormais. Missa est une élève moyenne. Relativement motivée, elle travaille essentiellement ses matières préférées et fait le minimum pour les autres.

Elle s'est inscrite dans un lycée de bonne réputation, mais toujours aussi éloigné de chez elle. Hormis ce changement d'établissement, sa routine devrait donc être peu modifiée. Elle a l'habitude des bus à répétition, et surtout, ses meilleures copines de classe iront dans le même lycée qu'elle. Elle a choisi des options spécifiques, mais se demande si elles lui permettront de s'épanouir, ou si ces choix sont simplement bons « sur le papier ». Elle ne sait pas encore ce qu'elle veut faire plus tard, d'où ses doutes… Elle réalise en effet qu'elle n'a pas réellement choisi, mais que, guidée par ses doutes, c'est le système qui a décidé pour elle. Le système, ce sont ses parents, ses professeurs, les conseillers d'orientation et même ses voisines ! Preuve en est qu'elle poursuivra l'étude de certaines matières dont elle se serait volontiers passée… Mais on lui a parlé de choix utiles pour son avenir professionnel, lequel lui paraît pourtant encore bien loin et tout aussi abstrait. Pour le moment, ce qui compte, pour elle, c'est de bien vivre sa vie au quotidien.

De manière plus pragmatique et immédiate, elle s'interroge également sur ses vacances. Ses parents envisagent d'aller passer quelques jours à la campagne dans une maison d'hôtes. L'occasion pour eux de renouer avec un grand-oncle de la famille, perdu de vue, mais dont sa maman avait gardé un bon souvenir et avec lequel elle a repris contact récemment.

Campagne, grand-oncle, famille ! Certes, cela peut être intéressant pour les vieux, mais partir dans un camping avec ses copines de classe et fêter le brevet entre jeunes dans un camp de vacances - comme elles en ont rêvé pendant l'année –, constitue un programme qui la stimule davantage. Elle se demande comment faire comprendre cela à ses parents.

Un soir, au moment où elle a enfin décidé d'en discuter avec eux, après avoir soigneusement préparé son argumentation, le téléphone de la maison sonne. Missa décroche et a la surprise d'entendre au bout du fil une voix grave et agréable qui, après avoir salué et s'être présentée lui demande :

– Qui es-tu ?
– Je suis Missa.

La voix exprime de la joie de l'entendre et le plaisir qu'elle aura à faire sa connaissance très bientôt. Il s'agit du grand-oncle qui vient aux nouvelles. Il lui demande succinctement comment s'est passée son année scolaire et, lorsqu'elle lui annonce qu'elle vient d'obtenir son brevet, il lui dit qu'il serait bon pour elle de faire un choix de cœur pour décider de ses options futures. Puis il demande à parler à sa mère pour des échanges plus logistiques.

Sans exactement comprendre pourquoi, Missa se sent touchée par ces mots. Cette voix et ces quelques mots lui ont donné le sentiment d'une grande bienveillance. Étrangement, elle a perçu une grande chaleur humaine et éprouve à présent un sentiment de profonde reconnaissance. Jamais encore elle n'a envisagé de choisir ses options selon son cœur. Elle ne sait d'ailleurs tout simplement pas ce que cela signifie, mais elle a l'impression que c'est important. Elle note aussi que ce grand-oncle a répondu à ses doutes sans même qu'elle ait eu besoin de les lui confier. Comme s'il avait lu dans ses pensées…

C'est la raison pour laquelle, finalement, elle décide de ne pas parler à ses parents comme elle l'avait pourtant prévu. Elle remet son projet de vacances avec ses amies à plus tard, trop curieuse de savoir ce que ce grand-oncle a voulu dire et de comprendre comment, sans la connaître, il a pu lui prodiguer ce conseil. Elle expliquera donc à ses copines que ses parents exigent qu'elle vienne avec eux à la campagne sans oser leur dire que l'exigence vient en réalité d'une partie d'elle-même. « *Ce n'est que partie remise* » leur dit-elle, « *nous aurons l'occasion de nous rattraper* ».

***

Au fil des jours qui précèdent le départ à la campagne, sa curiosité s'aiguise, et, sans en saisir la raison, Missa se surprend même à éprouver une certaine impatience.

Lorsqu'arrive enfin le moment du départ surgit son lot de questions relatives à l'organisation et surtout au tri nécessaire à la constitution de bagages. Au moment de prendre la route, la voiture est surchargée, et c'est sous un beau soleil que la famille se met enfin en route. À l'avant, les parents - le père au volant -, et à l'arrière, Missa et son frère.

Le trajet semble interminable et, à chaque pause, les conducteurs alternent. Ils finissent par quitter les paysages urbains et, après avoir longuement roulé en campagne et en avoir apprécié les beaux paysages et les reliefs assez marqués, non sans quelques hésitations du GPS, manifestement plus à l'aise en zone urbaine, ils arrivent à destination.

La maison d'hôtes est très jolie et les propriétaires ont pris grand soin de la rendre encore plus attrayante grâce au bel agencement d'un jardin très fleuri. La résidence se situe dans une impasse non loin de la route principale et à proximité immédiate du petit village voisin.

Une fois installée, Missa se renseigne rapidement sur les activités et loisirs éventuels. En effet, malgré la beauté des lieux, l'isolement de la maison et la petite taille du village voisin la laissent perplexe quant aux sources de distraction. Les propriétaires la rassurent et lui expliquent qu'en dehors de très belles randonnées et visites de sites locaux, il existe également des lieux de rencontre et de loisirs, et des activités organisées à destination des nombreuses familles en villégiature dans cette même maison d'hôtes et dans les environs. Il y a en plus une grande piscine, ce qui offre quelques belles perspectives de relaxation et d'amusements.

Le grand-oncle, quant à lui, a prévu de rendre visite à la famille le lendemain de son arrivée. Au-delà de la découverte de l'endroit, sa rencontre est très attendue, notamment par la mère de Missa.

***

Comme convenu, le lendemain, le grand-oncle arrive en milieu de matinée. Pour l'accueillir dignement, toute la famille s'est réunie dans la grande salle de réception de la maison d'hôtes.

Lorsqu'il franchit la porte, Missa comprend immédiatement que ses préjugés ont fait leur œuvre. Elle s'attendait à rencontrer un homme très âgé, et le trouve finalement bien jeune pour un « grand-oncle ». De bonne taille et robuste, malgré sa barbe grisonnante, courte et bien taillée, il est « entre deux âges », mais pas « vieux » comme elle le supposait jusqu'alors. De la même manière, elle pensait le voir vêtu d'une tenue de paysan, et découvre un homme en jean, tee-shirt, baskets portant une paire de lunettes de soleil élégantes, comme la majorité des gens en été.

Les retrouvailles entre la maman et le grand-oncle sont chargées d'émotion. Suite aux présentations et à l'évocation de certains souvenirs, Missa comprend qu'il s'appelle Gabriel, comme son petit frère, qu'il est le plus jeune frère du père de sa maman, d'où le fait qu'il paraisse encore « jeune ». Il a vécu de nombreuses années à l'étranger, raison pour laquelle il a perdu de vue le reste de la famille. Revenu depuis près de deux ans, il s'est installé dans cette région parce qu'il l'a connue et appréciée avant son départ. Il a donc acheté une petite ferme dans les environs et prend plaisir à la gérer. Veuf, il est père d'un grand enfant qui travaille à l'étranger et vient le voir lorsqu'il en a l'occasion. Ayant gardé le goût du voyage, lui-même lui rend visite de temps à autre.

***

Le déjeuner se déroule dans une ambiance chaleureuse. Le grand-oncle s'avère en effet un homme jovial au sens de l'humour affirmé. Par la suite, Missa remarquera que cette joie n'est pas uniquement liée aux retrouvailles, mais qu'elle émane de lui en permanence sans que qui que ce soit ne sache exactement pourquoi. Comme s'il était dans un état de bien être permanent. Missa se demandera si cela n'est pas le signe d'une certaine indolence, voire d'une certaine naïveté, mais son regard est doux et, lorsqu'il la regarde, Missa a l'impression qu'il voit au plus profond de son âme.

***

La famille est invitée à se rendre à la ferme du grand-oncle le lendemain midi. Il est convenu qu'il viendra les chercher pour leur montrer le trajet.

La ferme se trouve en pleine campagne. Elle est charmante, d'allure récente et de style plutôt moderne, ornée de grandes baies vitrées équipées de double vitrage, et climatisée. Encore, une fois, pas grand-chose à voir avec la vieille bâtisse imaginée. Quelques animaux attendus dans une ferme sont présents, pour la plupart en liberté, cohabitant manifestement sereinement, et vacant à leurs occupations d'animaux.

Après un accueil chaleureux, une visite des lieux et un apéritif, ils passent à table. Le grand-oncle s'avère également très bon cuisinier. Le déjeuner est aussi copieux que délicieux. Peu de temps après la fin du repas, il est désormais acté que toute la famille l'appellera « tonton Gaby » comme la maman a commencé à le faire.

Sans en avoir véritablement conscience, Missa attend le moment où elle pourra échanger avec lui et commencer à lui poser quelques questions. Vu la durée du séjour et le peu de distractions qu'elle imagine, elle se dit que les occasions ne manqueront pas et que ces échanges l'occuperont un tant soit peu. Elle ne sait pas exactement à quelles réponses s'attendre et se sent animée d'une grande curiosité pour cet homme qui dénote avec son environnement habituel.

☼

Une occasion se présente pendant l'après-midi quand, après le repas, Missa finit par se retrouver à proximité du puits avec le grand-oncle, qui entreprend de lui expliquer par quelle technique le puits a été creusé. Cédant à sa curiosité habituelle, Missa lui demande comment il a su qu'il y avait de l'eau souterraine et comment il a pu déterminer si précisément où creuser. Tonton Gaby lui apprend alors qu'il est sourcier. Un sourcier ? Missa en a vaguement entendu parler, mais cela lui a paru tellement bizarre qu'elle n'a pas cherché à en savoir plus. Mais à présent, sa curiosité et sa disponibilité l'incitent à multiplier les questions : qu'est-ce qu'un sourcier ? Comment le devient-on ? Comment cela fonctionne-t-il ? Les risques d'erreur sont-ils importants… ? Le grand-oncle répond qu'il pourra lui apporter des réponses assez globales, basées sur des principes auxquels on est libre d'ajouter foi ou non. Il ajoute que si Missa souhaite des « *réponses dont elle pourra saisir la vérité* », il est nécessaire de commencer par des points plus généraux, relatifs à la nature et à la vie : « *Si tu intègres cela, tes questions relatives aux sourciers trouveront alors naturellement leurs réponses* ».

Missa ne comprend pas comment des questions aussi précises que celles qu'elle a posées peuvent conduire à des réponses aussi floues ! « *Tu pourrais même découvrir que tu disposes toi-même des capacités pour être une sourcière* », ajoute oncle Gaby.

« *Voilà encore une réponse bizarre* », se dit Missa. Elle pense furtivement qu'elle pourrait chercher par elle-même des informations sur internet, mais la manière dont tonton Gaby lui a répondu stimule d'autant plus sa curiosité. Décidément, il y a quelque chose chez lui qui le fait sortir du cadre habituel des personnes avec lesquelles elle a échangé jusqu'à présent ! « *Comment le fait d'échanger sur la nature et la vie pourrait-il répondre à mes questions relatives au sourcier ?* » s'interroge-t-elle. « *Et comment, et par quel miracle, pourrais-je moi-même devenir sourcière ?* »

Elle fait part de ses questionnements à tonton Gaby qui répond ainsi :

– L'être humain fait partie de la Nature, de même que l'eau fait partie de la Nature. Ainsi, celui qui se met en harmonie avec Elle peut-il percevoir que toutes les choses créées sont liées par une origine commune.

Face à la mine perplexe de Missa, tonton Gaby lui propose de passer le voir quand elle y sera disposée. Il lui en dira alors davantage. Il lui explique brièvement que tout ce qu'il lui apprendra au cours de leurs échanges futurs et tout ce qu'elle découvrira par elle-même lui semblera n'être que des évidences, mais des évidences dont elle n'avait pas conscience auparavant, car certaines questions ne s'étaient pas encore posées à elle. Ce n'est que lorsqu'elles émergeront en pleine lumière qu'elle sera prête à accueillir les réponses.

***

Ils se revoient le lendemain après-midi. Après une matinée consacrée aux joies des découvertes locales, Missa, ayant repéré le chemin pour aller chez son grand-oncle, s'y rend en marchant tranquillement tout en profitant du paysage. Arrivée à la ferme elle fait part à tonton Gaby de la beauté de la nature qu'elle a pu observer en chemin. Ce dernier lui demande ce qu'elle a trouvé si beau. Missa évoque la beauté des fleurs, des arbres, des paysages.

– Qu'est-ce qui te fait dire que c'est beau ? lui demande tonton Gaby. Comment le sais-tu ?

– Heu ! répond Missa, se demandant comment on peut poser des questions pareilles.

Elle a l'impression de devoir faire une dissertation pour y répondre.

– Eh bien, entre autres, quand j'ai pu observer quelques fleurs, j'ai apprécié leur forme, la combinaison de leurs couleurs, les motifs dessinés sur leurs pétales, les formes de certaines figures et parfois leur symétrie. J'ai également constaté que le positionnement les fleurs et les différents végétaux constituaient un tableau très harmonieux, agréable à regarder, notamment lorsque le soleil les illuminait. De plus, l'odeur des fleurs et de la nature, les sons, le mouvement des feuilles et des branches m'ont donné l'impression de vivre pleinement ce moment.

– Je constate que tu utilises bien tes sens, et en particulier, que tu es très observatrice ! conclut tonton Gaby. Mais au-delà de ces observations, tu peux prendre conscience du fait que si tu apprécies la beauté et l'harmonie, c'est parce que tu portes en toi la capacité de les reconnaître. Au cours de son évolution, l'être humain a reçu de la Nature la capacité d'apprécier ses merveilles.

Encore une remarque bien inhabituelle qui laisse Missa perplexe. Néanmoins, elle se dit qu'effectivement, cela semble tout à fait logique et vrai. On parle souvent des merveilles de la Nature et leur niveau de complexité dépasse l'entendement humain. Ne serait-ce que sur le plan esthétique, les combinaisons sont infinies.

– Si tu es d'accord, reprend tonton Gaby, je t'invite à invoquer ici et maintenant le souvenir des fleurs que tu as admirées. Retrouve les images, ressens l'atmosphère, revois ta position dans cet environnement, perçois les sons, ressens les odeurs…

Prends conscience de la perfection de la forme des fleurs, de leur structure et de leur position, entre elles et parmi les autres végétaux environnants. Observe les couleurs et l'harmonie qu'elles dégagent, cet aspect parfait dans leur style, perçois l'énergie de vie de ces fleurs qui aspirent à manifester leur perfection et leur beauté… Prends conscience du fait qu'elles vont puiser leurs ressources dans la terre et qu'elles aspirent à manifester leur plénitude en allant s'épanouir vers le ciel. Elles offrent leur beauté à la nature qui va la proposer aux espèces qui y seront sensibles, telles les abeilles qui vont les butiner pour fabriquer leur miel. Ce processus permettra également à ces fleurs de se reproduire et de continuer ainsi à exister. Perçois la joie qui est associée à cette beauté et à cette énergie de vie, et perçois la perfection associée à cette énergie de vie.

Missa se laisse aller à cette expérience. Non seulement elle retrouve les perceptions vécues, mais elle constate vite qu'elle commence à ressentir spontanément de la joie, comme une « joie de vivre ». Souriante, elle se sent heureuse. Elle remercie tonton Gaby de lui avoir permis d'accéder à cela et réalise qu'en fin de compte, elle n'a pas vraiment pris le temps d'apprécier ce qu'elle a vécu durant le trajet. Elle se promet dorénavant d'être plus attentive à son environnement et de prendre plus souvent le temps d'apprécier les belles choses.

Après quelques échanges sur des sujets plus ordinaires, la jeune fille quitte tonton Gaby et passe le reste de l'après-midi en visites et en activités de loisirs. Elle a l'opportunité de lier connaissance avec deux adolescents de son âge, ce qui est de bon augure pour la suite du séjour. Elle va pouvoir se distraire en dehors du cercle familial et retrouver ainsi ce qu'elle pensait avoir perdu en n'allant pas au camping avec ses amies. Finalement, les vacances s'annoncent plus agréables que prévu. Même le climat est de la partie : il fait beau, mais pas trop chaud et la météo prévoit le même temps pendant plusieurs jours.

☼

Le lendemain matin, Missa rend à nouveau visite à tonton Gaby qui lui a dit qu'il serait très heureux de la voir et d'échanger avec elle. Il lui a donc communiqué quelques créneaux durant lesquels il sera plus disponible. Elle se dirige donc vers la ferme, aussi curieuse que séduite pas le caractère sympathique et original de cet oncle. Par ailleurs, cela l'arrange que les visites aient lieu le matin parce que la jeune fille pourra ensuite profiter du reste de la journée pour des activités plus « vacancières ».

– Bonjour, Missa, comment vas-tu ? Ce début de séjour te convient-il ?
– Oui tonton ! répond-elle. Tout se présente bien.

Après un petit tour dans la ferme et quelques échanges autour d'un jus d'orange, tonton Gaby reprend.
– Eh bien, Missa, je t'ai dit l'autre jour que j'étais sourcier, mais sais-tu ce qu'est un sourcier ? Un sourcier, c'est évidemment un homme qui cherche une source d'eau, mais le principe de cette recherche peut s'appliquer dans de nombreux autres domaines ! En pratique, que fait-on exactement quand on cherche quelque chose ? On la visualise, on crée un lien, une énergie, entre soi-même et l'objet de sa recherche dans le but de l'obtenir, de la réaliser, de la ressentir ou de la vivre. Nous sommes tous des chercheurs, n'est-ce pas ? Il y en a qui cherchent de l'argent, d'autres l'amour, d'autres la reconnaissance, d'autres le plaisir physique ou mental, d'autres le pouvoir… Par exemple, à ton avis, que cherche donc un écrivain ? Il peut chercher à inventer des histoires qui seront parfois vendues, lues, appréciées, partagées, utiles, commentées… Je t'invite à regarder l'humanité.

Comme tu peux le constater, ma chérie – je peux t'appeler « ma chérie », Missa ? Si cela te dérange, je t'appellerai seulement Missa. N'aie aucune limite ni frontière pour parler avec moi, Missa, parce que non seulement j'ai la capacité de t'écouter avec bienveillance, mais encore parce que quoi qu'il se passe et quoi que tu dises, sache que tout a sa place. Dans l'éventualité où quelque chose que tu considérerais comme gênant te passerait par l'esprit, tu peux tout de même l'exprimer, car je me suis préparé pendant des années à te parler, à t'accompagner.
Tonton Gaby prend un ton plus solennel et ajoute :
– Cela parce que si je représente peut-être le présent, Missa, je représente peut-être aussi le passé. J'ai fait mon chemin, mais mon enfant, c'est toi qui es l'avenir ! Les années ont passé et je me suis mis au travail, tant bien que mal. Tantôt j'ai fait bien, tantôt j'ai moins bien fait, à certains moments j'ai fait de mon mieux et à d'autres non, mais j'ai fait ce qui me semblait juste au moment où je l'ai fait. J'ai commis des erreurs, parfois, ou excellé, d'autres fois, mais je refuse tout jugement. Je ne juge pas, Missa, parce que je ne peux avancer qu'en ayant d'abord un regard bienveillant vis-à-vis de moi-même et vis-à-vis de mon entourage. Avant de pouvoir être bienveillant à ton égard, Missa, il fallait que je le sois extrêmement vis-à-vis de moi-même. Je pense que je le suis. En tout cas, je m'y attache et, aujourd'hui, je vais être bienveillant avec toi, mon enfant.

Missa sourit en écoutant tonton Gaby et se dit que, décidément, il est inclassable. En l'écoutant, elle perçoit autant de sagesse que d'originalité. Avec lui, tous les sujets abordés prennent une ampleur inattendue. Elle se demande jusqu'où cela pourra aller.

Tonton Gaby hausse les sourcils :

– Nous disions donc ? Nous parlions de ce qu'est un sourcier n'est-ce pas ?
« *Ah !* se dit Missa, *on va y arriver !* »
– Le sourcier, c'est celui qui cherche une source, et nous avons vu que tout être humain était un chercheur, mais en tant que sourcier, moi, qu'est-ce que je cherche ? D'un certain point de vue - celui que les gens connaissent -, je cherche de l'eau : l'eau qui se trouve dans la terre, celle que l'on ne voit pas, l'élément invisible. Mais dans l'absolu, je cherche autre chose. Je ne sais pas si j'y suis totalement parvenu, Missa, et je ne sais pas si je vais arriver à t'inculquer cette envie, ce besoin de chercher… une source, ou plutôt *ta* source… Entends-tu la nuance, mon enfant ? Durant toute ma vie, j'ai cherché. J'ai couru des lièvres et, chaque fois que j'en ai attrapé un, j'ai été satisfait un instant puis j'ai recommencé à courir ailleurs. À force de courir les lièvres, je me suis rendu compte que cela n'avait mené à rien de vraiment utile, mis à part le sport pratiqué dans la course. Cela n'avait aucune réelle importance, n'est-ce pas ? Courir les lièvres, courir l'argent… Mais toujours ce besoin, ce vide, finissait par émerger de nouveau.
Tonton Gaby s'arrête un instant et ajoute en souriant :
– Si je t'ennuie avec mes histoires, Missa, tu peux me le dire. Je ne suis peut-être pour toi qu'un vieux monsieur qui radote.
Missa secoue la tête pour démentir. Sa curiosité est éveillée et elle a très envie de savoir jusqu'où cet échange pourrait bien mener.
– Non ? reprit tonton Gaby. T'est-il agréable que je te parle de ma vie ? Tu sais, j'en ai connu des années, des saisons, et si je me mets à tout te raconter, mon enfant, j'ai peur de passer la tienne à te narrer la mienne, s'esclaffe-t-il. Bon, je plaisante et je compte bien abréger tout ceci ! Où en étais-je ? Avec ces années, je radote et je perds la tête. Je me veux drôle, mais enfin, j'espère que je ne suis pas trop « lourd » pour toi. Ah, je disais donc que, malgré la

recherche de toutes sortes de choses, j'ai toujours ressenti ce vide, ce vide au plus profond de mon cœur. Les gens de ce village me connaissent en tant que sourcier et oui, c'est vrai, je peux effectivement dire où se trouve l'eau. Mais est-ce le but absolu ? Une fois qu'on sait où se trouve l'eau ou l'objet de sa recherche, le vide s'installe de nouveau. Le sens-tu en toi, quelquefois, Missa, ce vide ?

– Pas vraiment ! répond-elle. En fait, je suis tellement occupée au quotidien que la question ne s'est jamais posée.

– Tu ne le sens pas ? reprend-il. Bien, le plus important c'est d'être bien dans ses baskets. Es-tu bien dans tes baskets ? La ville ne te manque-t-elle pas trop actuellement ? Non ? Bon ! Je suis ravi de t'avoir reçu parmi nous, cela va animer mon quotidien ! Alors, de quoi voudrais-tu que nous parlions ?

– Je ne sais pas ! répond Missa. En réalité, je me pose peu de questions en dehors des aspects pratiques de ma vie. Je cherche surtout ce qui va me contenter.

– Tu ne sais pas ? J'ai l'impression que tu es complètement préoccupée par tes jeux vidéo, par les réseaux sociaux, par ton téléphone, par tes amis. Je comprends, mon enfant, que cela puisse être important à ton âge. Oui, bien sûr que je comprends. D'ailleurs, être bienveillant avec toi veut dire que tout ce que tu ressens, tout ce que tu peux apporter, je le reçois et c'est dans ce cadre que je le regarde avec toi. Tu sais, pour pouvoir regarder au plus loin vers l'avenir, il faut déjà savoir regarder autour de soi dans le calme, la paix et la bienveillance. En fin de compte, tout est une question de vision n'est-ce pas ? ajoute-t-il l'air malicieux. Au fait, combien de temps vas-tu passer ici ?

– Quinze jours, répond-elle avec une petite grimace.

– Cela t'ennuie ? demande tonton Gaby.

– Ben, au début, je me disais que ce serait peut-être un peu long, mais je commence à voir les choses autrement.

– Ah, cela va un peu mieux ? Bon, et si on mangeait cette tarte aux pommes que j'ai préparée ce matin ! Je vais t'apprendre une chose, Missa. Le bonheur, c'est de vivre. Je te parlerai de mon passé plus tard, j'ai quinze jours n'est-ce pas ? Avec un peu de chance, tu vas peut-être même prolonger ton séjour, ajoute-t-il en riant… En fait, le vrai bonheur, c'est de savoir apprécier les choses. Tantôt, c'est une part de tarte aux pommes, tantôt, c'est un lever du jour, tantôt, c'est un coucher de soleil... Sache que la joie est associée au bonheur : c'est une énergie et il est bon de s'entraîner à la recevoir. Si tu apprends à regarder toutes les choses avec cet œil neuf, à mettre de côté ton mental, tu la ressentiras de plus en plus. Tu pourras même envisager de mettre de côté tes réseaux sociaux… Ah ah, je plaisante ! Allez, ne m'en veux pas, je peux te taquiner un peu, tout de même ! Enfin bref, comment trouves-tu cette tarte aux pommes ?

– Quelle tarte ? questionne Missa en haussant les sourcils et en ouvrant les paumes de ses mains.

– Je ne te l'ai pas encore servie ? s'étonne tonton Gaby. Ah ! Ce que je peux être étourdi ! Mais à mon âge, je me l'autorise. Allez, on se la mange ! Je t'aime, mon enfant ! Tu reviens demain ? demande-t-il en découpant le gâteau.

– Avec grand plaisir, répond Missa.

– Bon, écoute, reprit tonton Gaby. Pour demain, retiens bien le fil de mon histoire, parce que vieux comme je suis, je risque d'oublier. Allez, mangeons cette tarte !

☼

Le lendemain, Missa arrive chez tonton Gaby d'un pas lent, légèrement hésitant, le regard virevoltant tout autour d'elle. Lorsqu'elle franchit la porte, elle demande timidement :

– Bonjour, Tonton, comment vas-tu ? En fait, je n'avais pas encore pris la décision de venir à cette heure-ci, car il est plus tôt que ce qui était convenu, mais je passais par là et je me suis dit que tu serais peut-être là. En fait, je me disais que, heu… Bon, pour dire vrai, je suis venue directement te voir ! Ce que tu m'as dit hier, heu…, cela m'a fait réfléchir… Je me suis dit que finalement... Bon, je ne sais pas comment dire, mais si je te parle comme je pense, tu peux te vexer ?

Devant le sourire interrogateur de tonton Gaby, elle ajoute :

– Je me disais en fait que tu n'es pas aussi bête que tu le laisses paraître… Je peux aller au fond de ma pensée ? J'avais tendance à penser que tous les vieux étaient un peu cons et dépassés, mais toi, tu n'es pas con, tu n'es pas aussi con que je le pensais, en fait. Tu es vexé ? s'inquiète-t-elle ?

Tonton Gaby éclate de rire puis, devant l'air gêné de Missa, il complète :

– Ce qui me fait rire, c'est ta franchise et ton honnêteté. Ce sont de très belles qualités. Si je me vexe ? Je te passe tout, mon enfant ! J'ai dépassé tout ceci. C'est une bonne chose d'avoir, à quatorze ans, ces qualités de franchise et d'honnêteté. Bien entendu, tu ne peux pas dire à tout le monde ce que tu penses, mais avec moi, tu peux y aller comme tu as envie de le faire. Je l'apprécie énormément. Pour répondre à ta remarque selon laquelle je ne serais pas aussi con que j'en ai l'air, je la prends comme un compliment, merci ! ajoute-t-il en souriant. Je ne considère pas ce que tu me dis comme étant quelque chose de vexant, car je vois juste cette jeune fille qui a autant d'honnêteté et de franchise ! Évidemment, il ne faut pas le dire à tous les cons que tu croises surtout qu'en réalité, tu vois bien qu'ils ne sont peut-être pas toujours aussi cons que tu crois. Même si j'ai cru comprendre que, selon toi, beaucoup de gens sont cons.

– Non tonton, mais les adultes…

– Non ? Seulement les adultes ? D'accord, bon, seulement les adultes, c'est-à-dire moi, papa et maman ainsi que la dame qui tient la maison d'hôtes. OK…, il s'agit des adultes qui t'entourent ici, n'est-ce pas ? Bon, veux-tu que je te fasse un cake, veux-tu un jus de fruit ou autre chose ?

– Je veux bien un jus de fruits, je te remercie.

– Alors, pourquoi es-tu venue me voir si tôt ? demande-t-il en lui remplissant un verre.

Missa prend un air embarrassé et répond :

En fait, pour tout te dire, je ne sais pas exactement pourquoi je suis venue te voir, mais je ressens comme un besoin. J'ai l'impression qu'on peut tout te dire… les choses qui me tiennent à cœur, les choses dont je souffre. Par moments, je me sens incomprise par les adultes… J'ai l'impression qu'on ne me comprend pas et j'ai même parfois l'impression que je ne me comprends pas moi-même. C'est un ressenti qui ne s'explique pas. J'ai l'impression que toi, tu peux me comprendre, alors je te présente mes excuses de t'avoir considéré comme un vieux con. Pardonne-moi, mais je savais qu'avec toi, il fallait que je sois authentique. Je savais qu'il fallait que je parle vrai, que c'était le seul moyen d'avancer. C'est peut-être assez naïf, mais je savais que je ne te vexerais pas et que tu ne m'en voudrais pas. Je t'en remercie. Pour tout te dire, j'ai l'impression que tu vas me débarrasser de ce mal-être et de cette incompréhension que je ressens par moments, conclut-elle.

Tonton Gaby acquiesce et répond :
– Je suis ravi que tu me fasses confiance, c'est un honneur pour moi. Je te suis reconnaissant parce que tu m'as validé comme une personne de confiance et, rien que pour cela, j'espère être à la hauteur de tes attentes. Alors, Missa, de quoi veux-tu qu'on parle ? Veux-tu que nous refassions le monde ou préfères-tu que nous parlions du tien ?
Missa répond doucement :
– En fait, je voudrais plutôt qu'on parle de mon monde d'aujourd'hui parce que je ne m'y sens pas bien.
– Ah bon ! Tu ne te sens pas bien ? interroge tonton Gaby.
– En réalité, répond Missa, à ma mère, je lui fais croire que je suis bien. Papa, je m'en fous… Non, il est plus distant et je lui fais croire aussi que ça va bien. Mon petit frère m'agace, mais en fait, à l'intérieur de moi, je ressens comme une angoisse, une incompréhension, sans compter que la dame de l'auberge dans laquelle nous sommes descendus, eh bien, j'ai l'impression qu'elle me déteste. Elle m'énerve…
– Mais, Missa, il y a beaucoup trop de points, là, reprend tonton Gaby. Si tu permets, je vais résumer ce que tu as dit : tu n'es pas en phase avec maman, tu ne peux pas lui dire ce que tu ressens et tu as l'impression qu'elle ne te comprend pas. Idem avec ton papa. Ton petit frère t'énerve et, par-dessus le marché, il y a cette dame dont tu penses qu'elle te déteste et que donc tu détestes toi-même. J'ai bien résumé ?
– Oui, répond Missa.
– Bien ! Par qui allons-nous commencer ? Allez, commençons par la dame, car c'est une étrangère pour toi, c'est beaucoup plus simple. Pourquoi la détestes-tu et pourquoi te détesterait-elle ?
– Eh bien, en fait, je ne sais pas.

– Missa ! reprend tonton Gaby, regarde et sois honnête, car tu as cette capacité à être honnête.
Quoi que de manière hésitante, Missa répond :
– En fait, la dernière fois, j'ai marché là où elle venait de faire son ménage. Ce n'était pas sec, mais j'étais obligée de passer par là, et comme je ne voulais pas attendre, j'y suis allée, mais en faisant quand même un peu attention. Elle m'a regardé de travers. Ensuite, le repas qu'elle a préparé était dégueu… et je le lui ai dit. Du coup, je crois qu'elle m'en veut parce qu'elle ne supporte pas la critique, et puis, de toute façon, on est là en vacances, mes parents ont payé et je n'ai pas envie d'être copine avec elle. Son repas, il est payé et son ménage, elle n'a qu'à le refaire, point ! conclut la jeune fille avec énergie…
– D'accord, reprend lentement tonton Gaby, OK… Si je comprends bien, cette dame, elle a quel âge ? Entre 50 et 60... Ah OK, plus une cinquantaine qu'une soixantaine. Donc, cette dame se lève et travaille du matin au soir, elle reçoit les clients, elle cuisine, elle fait les courses, elle nettoie et elle fait de son mieux. J'insiste : elle fait de son mieux. Et toi, parce que tes parents ont payé, tu t'es permis de ne pas respecter son travail ? Pire encore, de le saboter, et pire encore, de le critiquer ? Donc, cette dame ressent un rejet vis-à-vis de toi et, évidemment, c'est réciproque. C'est bien cela ? Si je me suis mal exprimé, tu peux me le dire.
– C'est un peu ça, confirme Missa.
– Si tu avais dû te comporter autrement, qu'aurais-tu fait ? Sans tenir compte du fait de savoir si cette dame a été payée ou pas, nous allons juste parler d'autre chose. Nous allons parler du rapport humain. Toi, tu as dormi jusqu'à 10 heures et, quand tu t'es levée, ton petit déjeuner était prêt. Le lieu dans lequel tu as dormi était propre. Tu as donc sali le lieu dans lequel tu es hébergée et tu as critiqué la nourriture qu'on t'a préparée.

Évidemment, je ne vais pas te juger, mais si tu devais mettre un mot pour qualifier ce comportement, si quelqu'un s'était conduit de cette manière avec toi, ou si tu avais été témoin de la scène, comment l'aurais-tu qualifié ?

Missa reste silencieuse quelques secondes avant de répondre :

– En fait, j'ai l'impression que… si on m'avait fait cela…, j'aurais eu l'impression d'être face à quelqu'un d'irrespectueux et d'ingrat.

– Les mots sont justes ! confirme tonton Gaby. Ce n'est pas grave, Missa. Le plus important, c'est de le voir, et pour cela, je suis extrêmement satisfait et fier de toi. Donc, si je résume en quelques mots, tu as vu que tu t'étais comportée de manière ingrate. C'est bien ça ?

– Oui…, répond timidement Missa.

– Et cette dame-là a réagi avec un peu de véhémence face à ce comportement.

– Oui…, chuchote Missa en baissant les yeux.

– Est-ce que tu trouves que cette dame aurait dû réagir différemment ou bien se mettre à plat ventre devant toi ? Est-ce que tu estimes, désormais, que son comportement est justifié ou toujours pas ? ajoute tonton Gaby. Son comportement est justifié, n'est-ce pas, Missa ? reprend doucement tonton Gaby après un instant de silence. Mon enfant, pour que la grâce soit, pour que la bienveillance soit, pour que la joie et la paix soient, il faut que tu en sois toi-même actrice. Cette dame qui ne te connaît pas, pourquoi voudrais-tu qu'elle t'aime si toi-même tu te comportes avec ingratitude à son égard ? L'argent ne fait pas tout, mon enfant. Là, tu as manqué de respect, tu as manqué de considération et, pour cette dame, c'est parfaitement intolérable. Elle l'a très mal vécu parce que, quand bien même elle n'a pas fait aussi bien que tu l'aurais souhaité, elle s'est fatiguée pour bien vous recevoir. Elle n'a rien fait d'autre que ce qui lui semblait juste. Ton comportement l'a heurtée et vexée. Si tu devais faire quelque chose pour renverser la situation, quelle attitude pourrais-tu avoir ?

– Ben, en fait… je ne sais pas, répond Missa.

– Missa ! Dans la vie, dans son quotidien, il faut être conscient et responsable, responsable de sa vie. Sache que quand on accorde de la bienveillance, on reçoit de la bienveillance. Sache que quand on donne de l'amour, on reçoit de l'amour, que quand on fait preuve de compassion, on reçoit de la compassion et sache que quand on se montre ingrat, irrespectueux, on reçoit… On reçoit ce que l'on a donné ! Je ne me permettrai pas de te dire quel comportement tu devrais désormais adopter à l'égard de cette dame, mais je souhaite, si tu veux bien m'écouter bien sûr, que tu sois actrice. Que veut dire être actrice ? Cela veut dire, ne pas se résigner, et faire en sorte d'améliorer les choses par sa force et sa volonté !

Après un léger silence, tonton Gaby ajoute :

– Je pense que nous en avons assez dit pour aujourd'hui.

– Je te remercie, tonton, Gaby. Je vais rentrer chez moi, enfin, à l'auberge ou à la maison d'hôtes, je ne sais pas comment l'appeler.

– C'est ça, mon enfant, rentre et pose-toi des questions. Remets-toi en cause. Ne te mets pas en position de victime, soit actrice, soit productrice !

☼

Le lendemain matin, sous un beau lever de soleil, alors qu'il est en train de faire des exercices respiratoires sur sa terrasse, de ressentir l'air frais et d'observer la brise courir dans les champs, tonton Gaby voit Missa accourir vers lui. Il sait que, la veille, il a planté dans son cœur et dans son esprit la graine de « l'état de grâce ». Il sait qu'avec cette petite, tout est possible, car il suffit de le vouloir pour que l'état de grâce soit. Évidemment, il sait aussi qu'il devra l'accompagner pour pousser quelques portes afin que cet état s'installe dans sa tête, dans son cœur, et dans son esprit de manière consciente. Pour que l'état de grâce devienne sa réalité et que cette réalité soit pour elle un ancrage.

Tonton Gaby est pleinement satisfait de l'échange qu'ils ont eu la veille. Évidemment, un regard ordinaire aurait conclu qu'il s'agissait seulement d'une jeune fille ayant demandé conseil à un vieux monsieur. Que ce dernier lui a expliqué à qui présenter ses excuses et, quelque part, c'est bien de cela qu'il s'agissait, mais tonton Gaby est quelqu'un dont la vision est plus large. L'état de grâce, cette graine qu'il a plantée dans le cœur de Missa, il entend la faire éclore en elle. Mais évidemment, pour ce faire, il a besoin qu'elle soit volontaire, car en toutes choses, il est important de respecter le libre arbitre de chacun. Toutefois, si Missa revient, il y a fort à parier que c'est parce que son libre arbitre aspire à cette nourriture d'ouverture, à cette élévation. Tonton Gaby est non seulement satisfait de l'accompagner, mais il en est très heureux. L'état de grâce n'est pas quelque chose d'imaginaire, ce n'est pas quelque chose de lointain, c'est une chose que l'on peut ressentir dans sa tête, dans son cœur et dans son quotidien. C'est un mouvement perpétuel dès lors que l'on est dans l'échange avec ce qui nous entoure : qu'il s'agisse d'individus, de plantes ou d'animaux. L'état de grâce est une énergie perpétuelle d'échange. Libre à nous de nous y installer pour que cette énergie devienne réciproque, ou libre à nous de rester dans les ténèbres et l'ignorance. Mais chaque personne qui avance et qui se pose des questions, chaque personne qui ressent le besoin d'un monde meilleur, d'un lendemain meilleur, ne pourra pas faire autrement que d'aller à la recherche, d'aller vers cette quête extraordinaire, merveilleuse de l'état de grâce.

– Bonjour, Tonton Gaby ! Que fais-tu ? Des exercices physiques d'étirement ? demande Missa essoufflée d'avoir couru aussi vite.
– Oui, c'est un peu ça, Missa, répond-il. Bonjour ! Comment vas-tu ce matin ?
– Je me sens en pleine forme. Je peux te faire une confidence ? En fait, tu es loin d'être un vieux con. Pardonne-moi ! Tu ne vas pas te vexer, hein ? Mais non seulement cela, mais en réalité..., je te trouve génial !
– Que me trouves-tu de si génial, Missa ?
– Je ne sais pas, je ne saurais te l'expliquer, mais en tout cas, quand tu m'as expliqué hier que mon comportement avait été ingrat... eh bien... en fait..., aujourd'hui, je suis fière de moi ! dit-elle.
– Ah bon ? Explique-moi ! Allez, viens t'assoir !
Missa s'explique.
– Eh bien en fait, quand je suis rentrée hier soir, je suis allée voir la dame qui s'occupe de la maison d'hôtes et je... je me suis excusée ! dit-elle rapidement. Je suis même allée l'aider dans la cuisine. Seulement, j'ai cru bien faire les tâches qu'elle m'avait proposé d'effectuer, mais en réalité, je n'ai pas fait aussi bien

qu'elle. Mais elle a été gentille et elle a dit que c'était très bien fait, alors que je voyais bien que c'était nul ! Et ce matin, quand je suis descendue et que je l'ai trouvée en train de faire le ménage, j'ai marché bien sur le bord pour ne pas la déranger et, quand je suis arrivée à sa hauteur, j'ai pris la serpillère et je suis allée nettoyer partout où j'étais passée. Tu sais quoi, je vais te dire un secret : cela m'a rendue heureuse de faire ça ! En fait, hier, j'étais malheureuse et aujourd'hui, je suis heureuse. Je suis très heureuse. Je ne sais pas pourquoi, mais voilà, j'ai fait la paix avec cette dame ! conclut-elle.

Après un léger silence, tonton Gaby félicite Missa :

– Si je comprends bien, aujourd'hui, tu as pris les devants et tu as décidé d'agir, de passer outre l'échange que vous aviez eu. Tu as pu, et je t'en félicite, prendre de la hauteur pour aller au-delà des apparences. Ça, c'est toi qui l'as fait, ce n'est pas moi ! Tu as donc regardé cette dame avec une vision plus large et là, tu l'as vue au complet. Tu as vu sa fatigue, tu as vu son dévouement et, grâce à toi, parce que tu as pris de la largeur, le comportement de la dame a complètement changé. Tu vois qu'on peut être acteur de sa vie, ajoute-t-il après un léger silence.

– Oui, je suis très fière, tonton ! répond Missa. En fait, je vais te dire, à partir de maintenant, je vais essayer de respecter. Je ne te promets pas d'y arriver chaque fois, mais, si je me trompe, je peux juste corriger et recommencer jusqu'à ce que j'arrive à ne plus me tromper.

– Bravo, ma petite, c'est super, je suis très content. Voilà, tu vois que tu es actrice de ton bonheur. Qu'as-tu prévu de faire aujourd'hui ?

– Rien, tonton. En fait, maman me fatigue, mon père aussi et mon petit frère, laisse tomber…

– Autrement dit, tu n'as rien prévu de réjouissant, c'est bien cela, Missa ?

– Je n'ai pas trop envie…, dit-elle en faisant une légère grimace.

– Tu n'as pas trop envie de quoi ? demande tonton Gaby.

– Je ne sais pas, répondit-elle.

– Si tu es d'accord, je vais te donner un exercice à faire, à penser ou à méditer, mais libre à toi de faire comme tu le sens. Que pourrais-tu faire pour passer, demain, une journée merveilleuse avec papa, maman et ton petit frère ? Tu es libre.

Missa fait une moue ;

– Tous les trois en même temps ? Moi, en fait, si je m'écoute, je veux seulement mon téléphone et que ma mère me fiche la paix pour que je puisse aller sur mes réseaux sociaux : les copines avec lesquelles je devais aller au camping ont plein de choses à me raconter…

– Oui j'entends, j'entends ce que toi, tu veux, mais que veut ta maman ? demande tonton Gaby.

– Quand nous sommes venus ici, ma mère voulait justement me couper de mes réseaux sociaux, de mes amis et de tout ce qui s'en suit. Et tu comprends bien que je ne suis pas d'accord ! répondit Missa sur un ton agacé. Et puis à 14 ou 15 ans et bientôt à 18 ans, elle ne va pas me dire tout ce que je dois faire, tout ce que je dois penser, tout ce que je peux faire, tout ce que je ne peux pas faire…. Oh, j'en ai marre.

– Missa ! reprend doucement tonton Gaby. Ta mère est ma nièce. Que crois-tu donc que je vais te dire ? Cela dit, quand bien même elle ne serait pas ma nièce, que crois-tu que je pourrais te dire ? Tu sais à quel point j'aime ta maman.

Missa s'exprime avec une pointe de colère.

– Je sais à quel point tu aimes ma mère, mais moi, c'est moi, et elle, c'est elle. Point ! Et puis je ne suis pas son image, je ne suis pas ce qu'elle veut que je sois, je ne suis pas son esclave. Est-ce que je peux avoir ma propre opinion ou pas ? Je peux exister par moi-même ou pas ? Cela m'agace. Par ailleurs, venir à la campagne où il n'y a rien : pour quoi faire ? Sans commentaires ! *No comment* !
Tonton Gaby observe un silence puis reprend :
– Je vois. Et si on se mettait juste là à respirer et à se calmer ! Évidemment, je n'ai pas de baguette magique pour te renvoyer en ville avec tes amis et sur les réseaux sociaux. Je ne peux rien, là, Missa. Mais ce que je vais te proposer, puisque tu es là, c'est de rester dans le calme, et d'essayer de profiter du moment présent avec moi, avec un vieux con… Qu'en penses-tu ? dit-il en lui adressant un clin d'œil.
– En fait, pour la joie il n'y a plus que toi, répond Missa avec un léger sourire.
– OK, merci beaucoup, Missa, c'est un compliment qui me va droit au cœur, dit tonton Gaby en souriant à son tour.

À la demande de Missa, ils décident de s'activer un moment dans la ferme en s'occupant des animaux puis Missa repart vers l'auberge.

Depuis sa terrasse, tonton Gaby la regarde partir à travers champs. Après cette longue conversation avec Missa, il a le sentiment de l'avoir découverte un peu plus, ou plutôt qu'il vient de bien faire sa connaissance. Il espère qu'elle reviendra parce qu'il a tout à lui transmettre. En réalité, il sait qu'elle reviendra. Peu importe ce qu'a dit Missa, peu importe ce qu'elle peut penser, il a reconnu en elle les capacités de s'ouvrir et d'être en harmonie avec son environnement. Il sait également qu'avec plus ou moins de facilité, cette harmonie est à la portée de tous. Il suffit de s'arrêter et de tout reconsidérer, comme si le temps s'arrêtait, lui aussi : ressentir le vent sur la peau, entendre la nature environnante, revoir avec un œil neuf tout ce qui nous entoure... Il sait comme une évidence que tout est énergie, mouvement, et que tout est lié.

Quand Missa a disparu du paysage de campagne, il s'ouvre. Il s'ouvre à cet état de grâce où la pensée et le temps s'arrêtent, où il n'y a rien mis à part l'absolu, un l'absolu dans lequel se trouve le tout. Tonton Gaby a passé des années à se poser des questions existentielles pour finalement se rendre compte que tout est à portée de main, autour de lui, mais également en lui. Parce qu'il sait le faire, il se centre au plus profond de lui et il fait écho à cette nature, à cette énergie où tout est un, à ce mouvement qu'est la Vie.

Il sait que Missa reviendra. Il s'est préparé à la recevoir pour l'accompagner dans cette ouverture d'esprit, pour l'aider à s'élever et à avoir une vision plus large des choses. Il se prépare en étant tout simplement en phase avec l'énergie, cette énergie de vérité, du moment vrai, de la phrase vraie, du geste vrai, comme si, désormais, son existence était régie par le vrai, la vérité... Alors il se laisse emporter par cette énergie…

☼

– Bonjour, tonton ! s'exclame joyeusement Missa.

– Ah, te voilà déjà, Missa. Tu es bien matinale ! répond tonton Gaby.

– Oui, tonton, on n'a rien à faire dans ce bled, alors je me suis couchée tôt et puis je me suis levée tôt ! reprend-elle.

– Je suis ravi que tu viennes me voir de bon matin. Veux-tu boire quelque chose, un jus d'orange ?

Missa acquiesce.

– OK pour un jus d'orange ! enchaîne tonton Gaby.

Missa poursuit :

– Tonton, je suis venue te voir parce qu'en fait heu, comment te dire ? Avant-hier, tu vois, par rapport à la dame qui s'occupe de l'auberge, tu m'as donné juste un ou deux conseils et figure-toi que notre relation s'est beaucoup améliorée. Du coup, je me disais en fait que si tu pouvais, heu... comment dire? M'aider… avec ma mère, car c'est un peu difficile en ce moment !

– Ah bon ! répond tonton Gaby. Je t'écoute.

– Ben, en fait, je ne veux pas trop entrer dans l'émotion. Quand on est d'accord, c'est vrai que je l'aime bien, mais comme on ne s'entend pas, elle ne me comprend pas, alors…

– Elle ne te comprend pas ? demande tonton Gaby.

– Non ! répond Missa. En fait, j'aimerais bien…

– Elle ne te comprend pas ou bien toi, tu ne la comprends pas, tu ne fais pas l'effort de comprendre ce qu'elle te dit ? poursuit tonton Gaby.

– En fait, je comprends quelque part qu'elle a raison, mais en fait heu… je ne suis pas trop d'accord avec ses décisions.

Après un instant, tonton Gaby s'exprime doucement et lentement.

– Je vais t'aider. Je vais t'accompagner à voir ta mère, ton père et ton petit frère avec largeur, amour, et bienveillance. Pour tout te dire, tu sais déjà le faire, alors je t'invite tout simplement à t'assoir, le jus peut attendre n'est-ce pas ? Je t'invite simplement à tout poser : poser le passé, le présent et le futur. Tu poses tout ! Je t'invite également à poser tes envies, tes attentes, tes frustrations et tes joies ! Pour pouvoir tout poser, il faut te dire que rien n'est important… Tu peux tout poser, car tu sais que, dans l'absolu, ce que tu penses aujourd'hui n'a pas forcément une grande importance… Voilà !

Missa reste dans le calme pendant un moment. Tonton Gaby reprend :

– Maintenant que tu as tout posé, essaie de te centrer dans cette énergie que tu représentes dans l'absolu. Rien n'est important. Tu le sens ? Bien ! Maintenant, je t'invite à ressentir tout simplement l'amour. Si cela peut t'aider, commence par celui que tu ressens pour ta maman. Je ne veux pas savoir si tu es d'accord ou pas avec elle, si tu attends ou si tu n'attends pas, si elle t'a vexée ou si toi, tu l'as vexée, on n'en est pas là. Juste dans la pureté de l'amour qu'il y a entre vous. C'est le cadre dans lequel vous évoluez… Tu le sens ? Essaie de le visualiser. C'est comme un bol d'air frais, quelque chose de très doux et de très agréable, c'est l'amour quoi ! Tu as vu comme c'est puissant, l'amour que tu as pour maman ? Maintenant, tu peux le nourrir pour qu'il grandisse. Même si l'amour que tu as pour maman est déjà énorme, essaie d'y mettre d'autres personnes !

– Je veux mettre mon petit frère, mon père et je vais mettre toutes ces choses que j'aime comme le chocolat au lait et le chocolat blanc…

– Évite de penser au chocolat ! lui dit tonton Gaby. Parce que tu reviens à la surface. Essaie de rester dans l'amour pur !

– D'accord, tonton !

Après un instant, Missa ajoute :

– Là, je sens que j'ai plein d'amour pour eux.

– Bien ! répond tonton Gaby. Maintenant que tu as déposé tout ce que tu pouvais penser et que tu es restée juste dans l'amour, ressens-tu comme celui-ci peut être puissant ?

– Oui, répond Missa.

– Bien.

Missa émet un doute sur la permanence de cet amour en fonction des situations.

– Si on se dispute, s'ils m'énervent ou si je les déçois, on peut ne plus s'aimer ?

– Non ! Tu ne dois penser ni au fait que cet amour puisse disparaître ni à la peur, rectifia tonton Gaby. Non, vois-le juste comme s'il devait être éternel parce que cet amour est éternel. C'est le cadre général dans lequel vous évoluez. Il peut se passer beaucoup de choses dans ce cadre, mais le cadre lui-même ne change pas… Il faut juste en prendre conscience. Maintenant que tu penses à ta maman et à cet amour que tu as pour elle ainsi que pour ton père et ton frère, ressens-tu de la joie ?

Missa hoche la tête.

– Tu vois que l'amour et la joie sont deux sentiments qui sont liés ? Bien ! Voilà, conserve bien cet amour dans ta tête ! Tu vois qu'il est rafraichissant, qu'il donne de la légèreté comme s'il donnait des ailes n'est-ce pas ?

Missa acquiesce de nouveau.

– Bien ! Cet amour que tu as pour tes proches, essaie de le ressentir dans ta tête puis essaie de le ressentir dans ta poitrine, ici.

Tonton Gaby place ses mains au niveau de son cœur.

– Maintenant, essaie de le ressentir comme s'il était un. Ta tête et ton cœur font un. Tu le ressens, cet amour dans lequel il y a ton frère, ta mère et ton père ? Bon, on peut y mettre l'amour des fleurs, on peut y mettre un moment de réveil, un moment de sérénité, un moment de joie simple, une rencontre… Voilà, tu la ressens cette énergie d'amour ? Bien ! Tu vas rester dans cette atmosphère et tu vas essayer de la conserver et de la ressentir de plus en plus intensément en gardant ton attention centrée sur cet amour très fort. Maintenant, englobe-toi à l'intérieur de cet amour que tu as pour ton père, ta mère et ton frère. Mets-toi dedans parce que tu sais qu'eux aussi t'aiment. L'amour que tu as pour eux est réciproque n'est-ce pas ?

– Missa s'agite un peu et veut faire un commentaire.

– Non ! interrompt tonton Gaby. Tu ne dois penser à rien mis à part l'amour... Cet amour, tu le ressens dans ta tête et tu le ressens dans ton cœur… Voilà, tu te laisses aller à cet amour. Si tu peux le visualiser en même temps, il peut donner l'impression que c'est une boule d'énergie dans laquelle il y a également de la joie. Comme je l'ai dit, mets-toi maintenant à l'intérieur parce qu'en fait ta mère, ton frère et ton père t'aiment aussi. C'est donc comme si cet amour te prenait entièrement. Ressens-tu ce mouvement d'amour ? Bien ! Voilà, maintenant que tu ressens que tu fais partie de ce mouvement, de cette boule d'énergie ou de cette famille-là – tu peux l'appeler comme tu veux –, essaie de le cultiver et de le ressentir dans tout ton être. Quand on ressent cet amour-là, on se dit que rien n'a d'importance. Finalement, que ta mère ait accepté ou non, qu'elle ait voulu ou pas, qu'elle t'ait amenée ou pas amenée…, en fin de compte, tu vois que cela reste un détail parce que tu te situes sur un plan où l'amour dissout toutes les tensions et où il n'y a que la paix, la joie et la satisfaction de partager des moments simples. Est-ce que tu perçois cela ?

– Oui, dit Missa.

– Bien, maintenant que tu le ressens, essaie de mettre toutes les valeurs positives qui peuvent correspondre à cet amour. Qu'est-ce que tu y mettrais ?

Missa répond spontanément.

– Eh bien, dans cet amour-là, je mettrais la gentillesse, le respect de ma maman, l'écoute aussi, quand elle me dit de faire des trucs, que je le fasse sans trop discuter. Je peux mettre aussi l'obéissance. Non pas pour me rabaisser, mais juste par reconnaissance pour ce qu'elle fait pour moi. Donc je peux aussi mettre la reconnaissance et mettre la joie, la joie de la réalisation de tout cela. Je peux mettre aussi la joie de bien travailler à l'école parce que je sais que cela va la rendre heureuse. En fait, je sais… Comment dire… Je sais que c'est pour moi qu'elle s'inquiète. Au lieu de rejeter en bloc tout ce que ma mère veut pour moi, je peux en prendre une partie… Évidemment que mon avenir m'appartient…, mais je sais qu'en lui donnant de l'amour je peux aussi quelquefois faire ce qu'elle aime ! Donc…

Missa observe un instant de silence.

– Et quoi ? demande tonton Gaby.

Missa répond en énumérant sur ses doigts :

– Donc, dans cette bulle d'amour, je vais mettre l'obéissance, le respect, la joie, l'écoute, le respect de mon petit frère et de mon père ainsi que l'acceptation.

– D'accord, dit tonton Gaby. Maintenant que tu ressens cet amour-là, est-ce que tu as l'impression que la situation a changé ?

– Oui ! répond-elle. Je m'en rends compte. En fait, je suis toujours dans ce bled paumé, heu, pardon, je suis toujours dans cette campagne, mais au lieu de la voir comme un bled paumé, je la vois comme une bonne occasion de passer des moments d'amour avec les gens que j'aime : ma mère, mon père, mon frère, et comme une occasion pour moi-même de profiter du moment parce que je me rends compte qu'en fait, cet amour me donne des ailes. Je viens à peine de le ressentir et j'ai déjà envie de bien travailler à l'école, de bien m'appliquer, de bien faire les choses, j'ai envie de… J'ai ressenti la joie de la réalisation pour ma mère, mais aussi avant tout pour moi. Donc, en fait, cela a changé ma vision sur ce bled paumé, heu, je veux dire sur cette campagne qui n'est pas un bled paumé. Pardon, tonton ! ajoute-t-elle avec un air gêné.

– Bon ! reprend tonton Gaby. Maintenant que tu as ressenti cela, je t'invite tout simplement à y penser quand tu retourneras à l'auberge. Nous allons faire un jeu amusant. Avant de pénétrer à l'intérieur, tu te recentreras dans cette bulle d'amour où plus rien n'a d'importance et une fois que tu l'auras ressentie, tu essaieras d'imaginer les liens que tu vas créer, la manière dont tu vas dire bonjour à maman et aux autres, ou la façon dont tu vas les saluer. Je t'invite à te livrer à ce jeu amusant qui consiste à observer leurs réactions, tu vas voir que cela va t'amuser.

– D'accord, tonton ! répond Missa avec enthousiasme. Je peux y aller tout de suite ?

– Si tu veux, mais tu ne veux pas boire ton jus ? lui demande tonton Gaby.

– Non, j'ai envie d'y aller tout de suite ! dit-elle en piétinant.

– D'accord !

☼

Missa revient plus tard dans la matinée alors que tonton Gaby est occupé avec les animaux de la ferme.

– Tontoooonnn ! s'écrie-t-elle. Si tu savais comme c'était super génial !

– Tu es déjà de retour ? s'étonne-t-il.

– En fait, répond-elle, comme je suis sortie tôt ce matin, j'ai juste aperçu ma mère et je l'ai à peine saluée. Tout à l'heure, quand je suis rentrée, je l'ai trouvée dans le jardin en train de parler avec mon petit frère et mon père. Ils discutaient de je ne sais quoi et j'ai fait comme tu m'as dit. Je me suis centrée sur l'amour avant d'aller les rejoindre. Eh bien, tu sais quoi ? Après quelques échanges, ma mère m'a dit que si je voulais mon téléphone, je pouvais le reprendre ! Et tu sais ce qui est encore plus merveilleux, tonton ? C'est que je lui ai dit que je n'en avais pas besoin, car j'avais tout ce dont j'ai besoin avec leur présence. Et tu sais quoi ? Ma mère a pleuré de joie. Je ne savais pas qu'une simple phrase comme ça pouvait la rendre aussi heureuse ! ajoute-t-elle un sanglot dans la voix.

– Missa ! dit tonton Gaby. Je ne veux pas que tu sois triste. Je veux juste que tu voies que tu es maître de ta vie et que, quand on se met dans l'amour et dans la joie, non seulement on les cultive, mais on les donne, et surtout…, on les reçoit ! Je veux que tu te rendes compte que quand on est dans l'amour et la joie, non seulement on les cultive, on les donne, on les reçoit, mais que cela nous rend meilleurs. De plus, je veux que tu saches que quand on est dans l'amour, non seulement on le donne et on le reçoit, mais on réalise de très belles choses parce qu'on fait de son mieux, et ceci parce qu'on ne se juge pas soi-même, parce qu'on ne juge pas l'autre, parce que l'énergie de la réalisation est joie, et que, quand on est dans cette joie-là, on fait de son mieux. Et quand on fait de son mieux, on ne peut pas faire plus, n'est-ce pas ? Tu sais, Missa, la joie de faire de son mieux suffit pour être heureux. Le résultat ne t'appartient pas et il n'appartient pas à ta maman. Je t'aime Missa ! Tu le vois ? Et maintenant, grâce à toi, moi-même je ressens cet amour, je t'en félicite ! Tu changes l'atmosphère avec tes parents et je me vois en train de te dire « je t'aime » ! ajouta-t-il en souriant. Bravo, ma petite, il te reste de belles choses à faire…

– Tonton, est-ce que je peux venir tous les jours ? demande Missa.

– Bien sûr, Missa ! Tant que tu seras ici en vacances, tu pourras venir tous les jours ! répond-il.

Après son départ, tonton Gaby va s'assoir sur la terrasse et prend un air songeur. Cela fait maintenant quelques jours que Missa est ici, à la campagne. Quelques jours que cette jeune fille pleine de vie, pleine de contradictions, pleine d'envies et de désirs se confronte tantôt à ses propres désirs, à sa propre volonté, tantôt à ceux de ses parents. Quelques jours enfin que Missa se rend compte qu'elle est à l'œuvre de sa vie. Du haut de ses quatorze ans, elle réalise qu'elle est la seule « auteure de sa vie » ! Mais que signifie réellement « être l'auteur de sa vie » ?

Être l'auteur de sa vie, c'est ne pas se laisser emporter par les situations, quelles qu'elles soient. C'est avoir du sang froid, être calme, se poser les bonnes questions, ne pas se laisser emporter par l'engrenage des pensées, des émotions, des situations, des désirs, des envies. Être responsable de sa vie, auteur de sa vie, c'est mettre du calme, de la paix et de la sérénité dans sa tête : savoir ce que l'on veut. Évidemment, du haut de ses quatorze ans, comment voulez-vous qu'un enfant sache ce qu'il veut ? C'est déjà apprendre à respirer, tout simplement, à rester dans le calme, à tout reconsidérer comme si tout était possible parce qu'à quatorze ans, tout est possible, tout est encore à faire.

« *Cela fait maintenant quelques jours que Missa est là et je suis extrêmement satisfait de la voir se poser les bonnes questions, se dit-il. Non seulement à son âge, mais à tout âge, il y a une question existentielle : suis-je acteur ou victime de ma vie ? C'est réellement une question existentielle : suis acteur ou victime des circonstances de la vie ? Si on décide d'être victime, on le sera et les leçons se répéteront tant que nous n'aurons pas compris, mais si l'on décide d'être acteur, tout devient possible. Il s'agit juste d'un choix simple. Avant de vouloir changer le monde, il faut commencer par se regarder soi-même ! Avant de vouloir changer sa relation avec son entourage, avec sa mère, son père, son mari, sa femme, son voisin… Avant de commencer à vouloir changer l'autre, changeons-nous nous-mêmes ! Tout est possible dès lors que la question nous concerne, dès lors que la question concerne la personne qui veut changer les choses* ».

On ne peut rien : on ne peut pas changer son voisin, ni son mari, ni son épouse, ni son enfant, on ne peut pas changer sa mère ou son père : on ne peut rien… On peut juste les accompagner. En revanche, on peut se changer soi ! Missa vient de l'expérimenter. On peut progresser, on peut évoluer, on peut tout changer en soi, tout est possible ! Mais pour que ce possible soit possible, il faut se remettre en question, il faut se poser des questions, ne pas agir uniquement dans un système de cause à effet : « *il m'a dit, alors j'ai répondu…* », « *il m'a fait, alors j'ai fait* », « *il m'a insulté, alors je l'ai insulté…* », comme un reflet dans un miroir qui reflète tantôt la beauté, tantôt la haine.

Être responsable de sa vie, c'est regarder ce jeu de reflets, c'est tout reconsidérer, absolument tout : tout poser et se demander « *Qu'est-ce que je veux réellement ? La paix ou avoir raison ? La paix ou faire en sorte que les gens deviennent ce que j'ai décidé qu'ils devaient être ? La paix ou faire en sorte que les gens partagent mon raisonnement… ?* » Et tant que cela n'est pas, je me considère comme une victime de leur attitude, et je souffre. Quand on cherche ce que veut un être humain au plus profond de lui-même, de fil en aiguille, on finit toujours par tomber sur le bonheur. Certains vont le chercher à travers l'argent, d'autres à travers des relations amicales ou amoureuses, d'autres dans la réalisation de passions, de hobbies, d'autres encore dans le rêve ou dans des drogues en tous genres… Mais posez juste tout ceci un instant et regardez : nous sommes tous pareils. Que l'on soit riche ou pauvre, vieux ou jeune, homme ou femme, nous avons tous le même désir, nous avons tous le même but : être heureux.

Un proverbe dit que « l'argent ne fait pas le bonheur ». Je ne dis pas que la réalisation matérielle n'est pas importante, mais regardons ce qui se passe autour de nous quand on atteint cette réalisation matérielle. Regardons toutes ces personnes célèbres qui gagnent beaucoup d'argent, ces enfants de milliardaires : sont-ils heureux ou ont-ils, comme on le voit parfois, sombré dans des dépressions, des addictions ou d'autres problématiques ? Sans prétendre être de grands penseurs de la société, si nous devions juste regarder l'humain, nous retrouverions la même vulnérabilité en tout un chacun parce que nous avons tous le même dénominateur, le même besoin, la même et unique base : le bonheur, la joie. Le premier endroit naturel pour les chercher, c'est la famille. C'est le premier endroit que nous connaissons et où nous sommes censés connaître l'amour. Elle semble plus solide que d'autres satisfactions. Mais les membres de notre famille ne nous appartiennent pas, et cette solidité apparente qui peut durer, peut parfois aussi être éphémère et s'effondrer en quelques secondes par la disparition, la maladie… ou juste suite à un malentendu. Il est donc utile de savoir chercher la joie et le bonheur au fond de soi en étant acteur de sa vie. Mais comment le devenir ?

On peut vouloir changer les choses, mais, avant de vouloir nettoyer devant notre porte, il est bon de commencer par nettoyer l'intérieur de la maison ! Pour nettoyer son logis, son appartement, sa maison, il faut commencer par nettoyer ses pensées et prendre en considération certains principes :

– Se souvenir que personne n'appartient à personne, que ce soit son mari, sa femme, son enfant, sa mère, son père… Dans le cadre de l'amour familial, commençons par respecter l'intégrité et le libre arbitre chacun. Cela n'empêche pas la mise en place de cadres de vie en commun nécessaires à la bonne entente et à l'éducation.

– Prendre en considération le fait que si l'autre ne nous donne pas ou ne fait pas ce que nous attendons, ce n'est pas forcément personnel. C'est peut-être parce que l'autre n'a pas la capacité de faire. Il faut regarder l'autre dans son intégralité et pas juste ce geste qu'il n'a pas fait ou par le prisme de cette chose qu'il n'a pas donnée...

– Ne pas juger ni les autres ni nous-mêmes parce que nous sommes tous des enfants. Nous sommes des enfants de la vie et nous sommes venus pour apprendre à grandir dans la sagesse. Nous sommes tous concernés. Ce n'est pas parce que l'on a quatre-vingts ans que l'on est grand et ce n'est pas parce que l'on en a que dix que l'on est petit.

Grandir dans la sagesse ? Oui, mais que veut dire être sage ? C'est, entre autres, regarder une situation avec largeur et bienveillance. Et quand on regarde une situation avec bienveillance, tout s'évanouit : les tensions, les ressentis, l'émotion négative. La bienveillance est un pouvoir ! Voilà donc comment procéder : avant de vouloir changer la terre, les humains, il faut commencer par se changer soi-même ! Cela a déjà été dit de nombreuses fois. Nous ne changerons pas du jour au lendemain parce que nous nous sommes levés un matin plein de bonne volonté. Nous ne changerons pas à midi parce que nous l'avons décidé le matin à neuf heures. Cela ne se fait pas ainsi et c'est là également qu'il faut mettre de la bienveillance : vis-à-vis de soi-même ! Il est également nécessaire d'être persévérant et d'y penser aussi souvent que possible : penser à nettoyer son esprit, ses pensées...

Comment se nettoyer ? Nous l'avons vu, en respectant d'abord le libre arbitre des uns et des autres, en évitant de trop juger pour rester dans la paix, en mettant de la bienveillance et puis en inventant... Il s'agit d'inventer, de trouver son état de grâce.

Qu'est donc un « état de grâce » ? C'est un ressenti qui peut devenir tellement puissant qu'il devient un état d'être. Un état dans lequel on ressent l'amour universel quand on prend le temps de le faire émerger. Et il faut en prendre le temps ! La première étape peut consister à ressentir l'amour que l'on ressent pour sa famille, son père, sa mère, son frère, ou bien ses enfants, son chien, ses fleurs, sa maison… Ce ressenti d'amour n'est accompagné d'aucun jugement, d'aucune appartenance, d'aucune crainte de perdre, d'aucune crainte, quelle qu'elle soit : c'est juste la pureté de l'amour. Il faut le laisser occuper notre tête. L'amour, l'énergie de l'amour a un pouvoir, celui d'effacer tous les sentiments autres et contraires à la joie, au bien-être et à la paix.

La deuxième étape consiste à ressentir cet état de grâce ou cet état d'amour dans sa tête et dans son cœur, puis à laisser grandir cette énergie. Une fois qu'on l'a ressenti, il s'agit de se mettre dans cet amour parce que l'amour que l'on ressent pour les autres est partagé. Pour ceux qui pensent ne pas avoir la capacité de le ressentir, nous avons tous, je dis bien tous, la capacité d'imaginer. L'imaginaire est pouvoir. Il faut donc imaginer cette boule d'énergie et d'amour de la façon qui vous convient, vous placer ensuite à l'intérieur et rester dans ce ressenti. Voilà ce qu'est l'état de grâce ! On peut se servir de cet état tout simplement pour se nettoyer la tête des pensées qui nous perturbent. Quel que soit le contexte, quand on se lève le matin on peut penser à s'y mettre. Il s'agit de prendre quelques minutes, de fermer les yeux et, pour ceux qui en ont la capacité, de ressentir, de vivre – pour ceux qui ont la capacité de vivre – et d'imaginer – pour ceux qui ont la capacité d'imaginer. Tous les modes d'expression sont vrais, dès lors qu'il s'agit de l'amour : l'amour universel, l'amour inconditionnel, l'amour pur. Il faut prendre le temps de le laisser nettoyer notre esprit, nos pensées, notre cœur de toutes les émotions négatives qui peuvent s'y trouver.

De plus, chaque cellule du corps se nourrit de cette énergie qui donne de la joie et de la satisfaction.

Une fois que nous aurons commencé, il sera nécessaire de prendre le temps de pratiquer pour qu'il soit de plus en plus facile de le ressentir. Dans les premiers temps, cela peut paraître compliqué, et donner l'impression de répéter et répéter sans y arriver vraiment, comme lorsque l'on joue d'un instrument sans arriver à le faire sonner juste. Mais, à force de le faire, cela devient un automatisme. Quel que soit le projet que l'on a pour la journée (aller voir son patron, échanger avec des collègues, s'occuper de personnes d'animaux ou de plantes, échanger avec son conjoint, aller faire une démarche, demander quelque chose à son enfant…), quelle que soit la nature de l'interaction, elle peut se faire dans cet état de grâce. Il s'agit de ressentir d'abord l'amour avant de s'adresser à l'autre. On peut ressentir de l'amour pour tout, on peut incarner l'amour ! C'est cela l'état de grâce.

Plus il nous semblera concret et plus il occupera de place dans nos cœurs, dans nos têtes et dans notre quotidien. Cet état peut être perçu par chaque être humain, mais il appartient en réalité à toutes les espèces. Les animaux et les végétaux n'ayant pas un mental développé sont naturellement dans cet état de grâce, et ce justement parce que le mental ne vient pas interférer dans leur vie. Un animal ne souffre pas parce qu'il ne va pas en vacances ou parce qu'il n'a pas réalisé tel ou tel projet. Chez l'être humain en revanche, le mental, qui est à l'origine un bel outil, peut par moment, selon les circonstances, se retourner contre son utilisateur et engendrer de la souffrance ou un mal-être parce que l'individu nourrit un désir qui, parfois se réalise, mais parfois pas, ou pas immédiatement. Si le désir n'est pas assouvi, la personne peut se projeter dans un ressenti négatif générateur de souffrance. Le mental peut aussi créer des interprétations ou des jugements causes de mal-être, ou bien rappeler dans le présent des souffrances passées.

Il est donc important de se repositionner et de reconsidérer son mental. Ce dernier est comme un enfant qu'on peut élever, éduquer. Il est comme un muscle qui se travaille. Toutes les personnes qui ont fait des études peuvent nous expliquer, et même nous démontrer qu'à force d'apprentissage et de pratique, on peut acquérir des compétences et créer des automatismes. À force de répéter certains actes, ils se perfectionnent et sont réalisés de plus en plus facilement. Si donc l'on considère le mental comme un très bel outil, on peut travailler pour l'utiliser de la façon la plus efficace possible et éviter les difficultés liées à un usage mal approprié.

Par conséquent, la première chose à faire pour atteindre l'état de grâce, c'est d'essayer de calmer son mental. Rien n'a d'importance hormis le « ici et maintenant », comme l'ont très bien dit certains sages. Dès lors qu'on dit « ici et maintenant » et que l'on essaie d'arrêter ses pensées, ses projections, dès lors que l'on arrête tout, on ressent automatiquement un apaisement. Le « ici et maintenant » est en effet hors du temps et hors du mental, contrairement au mental qui est toujours dans le temps, c'est-à-dire qui se déplace entre le passé, le présent ou le futur. Ce premier exercice est important : essayer de mettre la paix, de se mettre dans le « ici et maintenant ». Ce n'est pas uniquement à la portée des grands yogis, des grands sages, ou bien, comme dirait quelqu'un que je connais, des grandes âmes ou des grands personnages. En effet, nous sommes tous de grandes âmes ou de grands personnages parce qu'en réalité, il n'y a pas de grand ou de petit, il n'y a que l'être humain : l'être humain et sa pensée qui conditionne son bien-être.

Certains modes de pensée sont en effet très développés et très structurés, tandis que d'autres le sont moins. D'ailleurs, « moins structurés » n'est pas forcément l'expression juste, il serait plus juste de dire « moins organisés dans certains domaines ». Bien évidemment, certaines personnes analysent très vite. Elles identifient ainsi rapidement les causalités et les liens jusqu'à arriver à une conclusion. On parle d'esprits brillants, de personnes très intelligentes, mais le mental reste un simple outil. Par ailleurs, plus il est brillant, plus il peut être difficile à calmer. Une fois qu'il est calmé, nous en arrivons tous au même niveau pour ressentir l'amour. L'intelligence va bien au-delà d'une simple acquisition de compétences mentales. Elle ne se résume pas à l'instruction et l'instruction ne fait pas la totalité de l'intelligence. Les capacités mentales, tout comme la taille, les particularités ou les capacités physiques, sont différentes d'un individu à l'autre et font partie des variétés créées par la vie. Certaines capacités peuvent se développer par l'exercice, et le mental en fait partie. Cependant, une capacité n'est pas une identité et une identité ne se résume pas en une capacité. L'identité de base commune à tous est celle d'être humain. Nous ne sommes donc pas nos pensées et celles-ci peuvent se calmer et laisser la place à l'être… humain, dans un silence apaisant et dans l'amour.

Pour atteindre l'état de grâce, il faut mettre la paix et se centrer sur le « ici et maintenant ». Pour cela, il peut donc aussi être bon de commencer par se centrer sur sa respiration afin d'arrêter la projection des pensées vers le futur ou vers le passé : rien n'a aucune importance mis à part le moment présent. De nombreuses techniques de relaxation s'appuient sur la respiration, car, lorsque l'on respire lentement, on devient ainsi conscient de sa respiration et, en dirigeant son attention vers la respiration, le mental se calme. Les actions du mental étant très rapides et habituées à fonctionner en permanence, on peut avoir du mal à y mettre du calme et à y amener la paix. Il est donc utile de se centrer sur la respiration. Cela le calme et le recentre sur le moment présent. On peut ainsi constater que, non seulement les pensées s'apaisent, mais que les émotions s'apaisent également parce que celles-ci sont souvent la conséquence des pensées. Ainsi, quand on pense à quelque chose que l'on estime positif, à quelqu'un qui nous a amusés ou que nous aimons, on imagine la joie, ou l'amour, on les vit et on les ressent. Quand on pense à une situation jugée comme négative, agaçante, une situation que l'on n'a pas envie de vivre, cela s'accompagne des émotions correspondantes. Par exemple, si nous avons affaire à quelqu'un dont nous considérons que le comportement est déplacé, cela aura le pouvoir de créer en nous de l'agacement ou bien de la colère parce que cette pensée est généralement accompagnée de ce type d'émotions. Le mental, entre autres, juge, analyse, évalue, interprète et conditionne la nature des émotions ressenties en fonction du sens donné au vécu.

Le mental est donc un outil : un outil extraordinaire, mais que l'on peut utiliser à bon ou à mauvais escient et se laisser emporter. On peut être aussi « victime de son mental » qui génère parfois ressentis ou comportements involontaires. Les expressions : « je n'y peux rien », « c'est plus fort que moi », « je suis obsédé par cette idée ou cette personne ou cette pensée », se retrouvent fréquemment dans le langage courant. Ceci implique qu'avant même de calmer le mental et d'atteindre l'état de grâce, nous pouvons commencer par améliorer notre quotidien en orientant nos pensées vers celles qui génèrent des émotions positives. Il s'agit de prendre conscience de nos pensées associées à des émotions négatives et de nous en détacher. Bien entendu, il n'est pas toujours facile d'arrêter la pensée quand quelque chose nous obsède et que nous sommes dominés par une émotion négative et parfois douloureuse. Si les thérapeutes disent : « *Pensez à quelque chose d'agréable, imaginez…* », c'est justement pour essayer d'aiguiller, d'organiser et de guider la pensée, ne pas la laisser comme cela dans une place publique où elle peut être à la merci d'une idée ou d'une autre.

La plupart du temps, nos pensées sont des automatismes que nous vivons et que, d'une certaine manière, nous suivons. Il s'agit de devenir conscients du fait que, dans un contexte donné, nos jugements ont une influence sur notre bien-être, et que ce que nous considérons comme vrai peut être seulement le reflet de notre subjectivité. Il est donc important de savoir les remettre en question, considérant qu'ils ne sont pas forcément la vérité, mais qu'ils peuvent résulter de nos croyances, de nos conditionnements ou de nos peurs… Pour en devenir conscient, il est nécessaire de considérer les situations avec du recul. Il s'agit de les passer en revue dans des moments de tranquillité, avec bienveillance et sans jugement vis-à-vis de soi-même. Il faut décider de s'ouvrir tout simplement à d'autres perceptions, à d'autres points de vue, à d'autres interprétations possibles de la situation. Le questionnement ouvre la voie à de nouvelles compréhensions.

Il y a donc plusieurs moyens pour arriver à un état de grâce :

- Commencer par prendre le temps d'éduquer le mental au quotidien.
- Prendre du temps pour se centrer sur le « ici et maintenant ».
- Se centrer sur la respiration, garder son attention sur la respiration quand la pensée a besoin de s'évader.

S'il est difficile, surtout dans les premiers temps, d'orienter sa pensée vers quelque chose d'agréable positif en essayant de voir le bon côté des choses, de voir la bouteille à moitié pleine, une aide peut consister à visualiser et à revivre une situation très agréable déjà vécue par le passé, qui a procuré beaucoup de joie. Cette joie est énergie, et son empreinte est inscrite en nous. Nous pouvons donc la ressentir de nouveau. Au lieu de dire que c'est une mauvaise journée parce qu'il ne fait pas beau, ceux qui n'aiment pas la pluie pourraient par exemple se demander qui a décrété que la pluie était mauvaise. Reconsidérons les choses, restons dans le calme : la pluie est merveilleuse pour la nature, la pluie est un miracle de vie. Cette démarche amène la paix et des émotions positives. Nous pouvons aussi projeter notre pensée sur un projet que nous avons envie de réaliser ou que nous avons déjà réalisé : nous ressentons donc forcément la joie de la réalisation et nous pouvons juste garder cette joie-là en la détachant de son objet, penser à cette joie et la vivre tout simplement... Quand on pense à la joie, qu'elle soit présente, passée ou future, on peut en ressentir l'énergie et on peut la cultiver. Si l'on a du mal à la ressentir, on peut l'imaginer.

Ressentir l'amour dans sa tête et dans son cœur, comme l'a fait Missa, en faire une unité puis se mettre dans cet amour est un moyen très efficace pour ceux qui sont en mesure de le faire. L'état de grâce est donc un état que l'on peut approcher en orientant ses pensées, en attendant de pouvoir les arrêter, pour atteindre la plénitude, la paix, la joie, la satisfaction et l'amour universel. Avant d'atteindre ces plans-là, parce que ce sont des plans, on peut utiliser des pensées pour y accéder, pour créer un espace de bien-être.

Ce matin-là, Missa se réveille le cœur léger, rempli de bien-être et de joie. Assise sur le bord de son lit, elle considère ce moment et cette journée qui lui semble prometteuse. Alors que deux ou trois jours auparavant, le tableau lui paraissait complètement noir, voilà qu'il est désormais fleuri, doré comme le beau soleil de ce matin d'été. « *Je vais profiter de ma journée, ce n'est que de la joie. Mais qu'est-ce qui fait que je peux passer d'un tableau noir à un tableau gai, plein de couleurs ? Qu'est-ce qui fait que je peux me sentir mal puis me sentir si bien le lendemain ?* » Tout lui semble très changeant. En tous cas, ce matin, son ressenti est très agréable !

Elle se pose mille et une questions. « *Tonton Gaby m'a dit que j'étais maître de ma vie. Grâce à mon ressenti d'amour pour mes parents et pour mon petit frère, et au respect que j'ai manifesté à la dame de l'auberge, me voici dans un état très agréable. Mais, en fait, si je suis maître de ma vie, ce sentiment, cette situation, je peux les provoquer et je peux les défaire ? Cela signifie donc bien que, quelque part, c'est moi qui suis responsable, quand le tableau est noir, que je suis triste et que je me sens victime de mon environnement, à moins que je ne sois victime de moi-même parce que je colore le tableau en noir ?* »

Pleine de ces questions, mais le cœur léger, Missa se met en quête de rejoindre sa famille en se promettant auparavant, de ressentir cet amour et de le manifester aux uns et aux autres. Peu importe leur réaction, elle a décidé qu'elle était maître de sa vie et aujourd'hui, c'est l'amour et la joie. Elle descend donc les escaliers et aperçoit ses parents dans le séjour en train de prendre leur petit déjeuner. Elle s'approche d'eux en lançant un bonjour enjoué :

– Bonjour, tout le monde, que cette journée soit bonne !
Sa maman qui se retourne avec un sourire plein d'amour, de gentillesse et de douceur, lui fait signe de venir vers elle pour la serrer dans ses bras. Elle lui répond :
– Je suis très heureuse, Missa, de retrouver mon bébé.
Missa la repousse doucement en lui disant :
– Pourquoi, tu m'avais perdue ?
Sa maman lui explique que, quand elle sent un conflit, elle a l'impression de perdre son petit bébé, sa petite fille. Missa, qui a donc décidé que, quoi que dise sa maman, elle lui répondra uniquement avec des phrases d'amour, dit à sa mère :
– Maman, quoiqu'il se passe, même quand je ne suis pas d'accord avec toi - et je suis convaincue que nous serons confrontées à de telles situations -, je veux que tu saches que je t'aimerai toujours. Même si je ne suis pas d'accord avec tes idées ou tes choix, je les respecterai. Je pourrai suivre tes conseils si je les sens en phase avec ce que je ressens, mais s'ils ne sont pas en phase avec ce que je ressens, sache que je t'aime et que je ferai de mon mieux. Sur ce, je te souhaite une très bonne journée, car j'ai besoin d'aller voir tonton Gaby.
Son papa observe en se disant :
– Ah, l'adolescence ! peut-être qu'un jour je comprendrai…
Nonchalant, le petit frère veut jouer à la « bagarre ».
– Allez, Missa, viens jouer avec moi avant de partir !
Missa n'aime pas trop ce jeu, mais, comme elle a promis d'être dans la joie et l'amour, elle accepte de jouer avec son frère à la « bagarre », comme il dit. Ils partent donc se chamailler, jouer, courir. Missa se nourrit des éclats de rire de son petit frère, car elle a compris qu'en réalité, il a juste besoin de joie et d'attention. Ils n'ont peut-être pas les mêmes buts, ni les mêmes jeux, ni les

mêmes attentes du moment, mais ils sont unis par cet amour de grande sœur et petit frère…

Tout en profitant de ce moment de grâce qu'elle vit et des éclats de rire de son petit frère, Missa observe ses parents et elle voit se manifester dans leurs yeux brillants cette plénitude et cette joie. Elle se dit que si le paradis existe quelque part, c'est sans doute ici et maintenant. « *L'amour, cet amour qui nous unit, que nous vivons, cet amour qui est dans nos cœurs, dans nos têtes, dans nos gestes, dans les voix, cet amour qui est énergie : il est juste là, à la portée de tout un chacun. De par mes décisions passées, j'ai failli gâcher tout cela* », pense-t-elle.

Missa a entendu le message de tonton Gaby. Elle sait très bien que nous avons tous le droit à l'erreur et qu'il ne faut pas se juger soi-même. Quand bien même elle a mal agi les jours précédents, elle a décidé que, pour porter un regard bienveillant sur les autres, il faut, avant toute chose, qu'elle porte un regard bienveillant vis-à-vis d'elle-même. Elle a donc décidé que ce matin sera fait uniquement de légèreté, d'amour et de satisfaction dans le moment présent.

Une fois son frère satisfait du jeu, elle adresse un grand signe à ses parents pour leur dire : « *OK, je vais voir tonton Gaby* », mais sa mère réclame un câlin. Missa se précipite alors dans ses bras et invite son père et son petit frère à partager un grand câlin familial.

Puis elle repart à travers champs. Missa profite de ce moment et du chemin qui mène chez tonton Gaby pour penser à ce qu'elle vient de vivre avec ses parents et son petit frère. Elle se sent maître de sa vie et pleinement satisfaite du résultat. « *En fait, on peut réellement être maître de sa vie. On peut semer l'amour et récolter l'amour, on peut semer la satisfaction et récolter la satisfaction, on peut semer la bienveillance et récolter la bienveillance* ». C'est donc le cœur plein de joie et de croyances en un avenir meilleur - et en un présent meilleur - qu'elle se dirige vers tonton Gaby.

– Bonjour, tonton ! Es-tu là ? demande-t-elle en le cherchant.
– Bonjour, Missa ! répond-il en sortant du garage. Je suis ravi de te voir de bon matin.
– Est-ce trop tôt ? demande-t-elle.
– Non ! répond-il. Je me lève très tôt, Missa, et j'apprécie le lever du jour. J'aime regarder le soleil se lever. J'aime profiter de la vie, alors je me lève tôt. Les anciens disent que le monde appartient à ceux qui se lèvent tôt, et moi, j'aime me lever tôt, j'aime avoir du temps.
– Qu'est-ce que tu fais de tes journées ? demande Missa.
– Qu'est-ce que je fais de mes journées… ? En voici une question ! répond tonton Gaby en se frottant le menton et en hochant la tête. Figure-toi que je suis extrêmement occupé.
– Mais c'est ça, tonton, je suis curieuse de savoir ce que tu fais pour être extrêmement occupé. Je sais que tu ne travailles plus, en tous cas plus pour gagner ta vie. Malgré les activités de la ferme, il doit donc te rester du temps ! Tu te lèves très tôt, mais que fais-tu toute la journée ?
– Je t'en parlerai une autre fois ! répond-il. Je fais tellement de choses…, mais si tu veux, je t'en parlerai une autre fois. Comment vas-tu-toi ?
– Eh bien, en fait, voilà : je suis très contente ! Ce matin, j'ai refait l'exercice avec mes parents et je ressens l'amour et la joie.
– Très bien ! Et quel exercice as-tu fait ? interroge-t-il.
– Ben, en fait, je me suis levée ce matin et je me suis rendu compte qu'il y a quelques jours, j'avais dressé un tableau tout noir

et que ce matin, il était tout rose. Donc, je me suis dit : est-ce que je suis victime de ceci ou bien maître de cela ? Parce qu'en fait, si j'avais dû rester comme j'étais la semaine dernière, j'aurais eu l'impression d'être une victime de la situation, victime de ma mère, victime du voyage, victime de l'été, victime d'internet, victime de tonton Gaby qui me parle de choses qui ne m'intéressent pas - non là je plaisante… Et ce matin, je me posais réellement la question : sommes-nous victimes ou responsables de ce qui nous arrive ? J'ai l'impression qu'on peut être responsable de sa vie, mais quand on vit des choses extrêmement difficiles, comment peut-on les vivre en se considérant comme responsable ? Et je ne parle même pas de choses extrêmement difficiles comme la perte d'un parent. Ça, on n'y peut rien, c'est de la souffrance pure. Mais on peut parler du fait de rater un examen. Ça peut être extrêmement difficile à vivre. Comment peut-on parler d'être maître de sa vie dans ces circonstances ?

– Missa ! répond tonton Gaby. La première chose à faire est de se calmer et de calmer sa pensée. La deuxième est de faire de son mieux, ne pas se juger soi-même, d'être bienveillant vis-à-vis de soi-même, tout en faisant de son mieux jour après jour. Faire de son mieux, c'est un exercice que l'on peut faire à tout moment. Mieux que son mieux, on ne peut pas. Et puis, troisièmement, une fois qu'on a tout donné, il faut rester serein quant au résultat. Il faut se dire que si l'on a fait de son mieux, le résultat ne nous appartient pas, et que si nous devons repasser cet examen, eh bien nous le repasserons. Cela signifie sans doute uniquement qu'il y a quelque chose que nous n'avons pas compris. Et si ça ne marche toujours pas, eh bien, nous ferons autre chose. Le résultat ne nous appartient pas, on fait de son mieux, et, comme je l'ai dit, mieux que son mieux, on ne peut pas, c'est tout. Ayant compris cela, on peut réaliser de belles choses sans que ces réalisations s'accompagnent d'émotions, de craintes ou de peurs, notamment de cette peur de ne pas bien faire. C'est cela qui est handicapant, car cela occasionne une perte d'énergie alors que si on consacre cette énergie à la réalisation et au but, alors elle se démultiplie. Elle est beaucoup plus forte, car on ne perd pas son temps à se dire « *Vais-je y arriver ?* » Ou bien « *Que se passera-t-il si je n'y arrive pas ?* »… On fait juste de son mieux, et le reste ne nous appartient pas. Est-ce que tu comprends ?

– Oui je comprends, tonton, je te remercie, répond Missa.

Ils passent ensuite du temps à échanger sur des sujets plus courants et Missa repart à l'auberge où elle a rendez-vous avec deux amies pour profiter de la piscine.

Le lendemain matin, après son réveil, comme à son habitude, tonton Gaby prend son déjeuner. Détendu, il va ensuite s'installer sur sa terrasse pour prendre conscience, s'imprégner de la vie en lui et autour de lui. Il inspire pour sentir la vie dans chaque partie de son corps, dans chaque cellule, et il expire pour évacuer avec l'air toutes ses pensées, quelles qu'elles soient. Il recommence cet exercice plusieurs fois, juste pour se centrer sur l'énergie de la vie. Cette énergie coule dans ses veines, car elle est dans tout ce qui existe. La vie n'est pas un simple nom, une simple notion, une simple définition ou un simple principe physique, chimique ou biologique. La vie est énergie et mouvement : chaque seconde de vie est un miracle. Mais, bien souvent, le mental, le quotidien ordinaire, font que l'on oublie ce miracle que constitue la Nature.

Alors ce matin, comme souvent, il prend le temps d'inspirer le bien-être, de ressentir la vie qui bat dans chaque parcelle, dans chaque cellule de son corps, et il expire tout le reste. Rien n'a réellement d'importance mis à part l'air qu'il respire. Il s'en imprègne pleinement. Il sait que, dans l'air qu'il respire, il y a la vie, la paix, la joie parce que la vie est joie et énergie. La vie est une conscience qui s'organise, qui a son propre chemin. Il garde cela dans sa pensée et dans sa conscience pour s'en imprégner et rend grâce à la vie et à l'aventure dont il fait partie parce que si la vie est en nous, nous faisons partie de son chemin, de son mouvement. Si nous nous laissons porter par elle, nous pouvons ressentir la sérénité, le bien-être et la plénitude dans chaque cellule de notre corps. Dès que nous ouvrons les yeux et que nous regardons autour de nous, nous voyons cet infini qu'est la vie. Partout où notre regard se pose, nous pouvons prendre conscience qu'elle est en tout : les arbres, le soleil, les nuages, le sol, une jolie coccinelle sur une plante verte. Nous prenons conscience que nous faisons partie du tout. Évidemment que nous en faisons partie ! Non seulement nous n'en sommes pas détachés, mais nous sommes partie intégrante du tout. En réalité, nous n'en sommes détachés que par notre ignorance et par nos pensées.

Ainsi tonton Gaby prend-il du temps, ce matin-là, pour replacer le miracle de la vie en priorité dans sa conscience. Chaque seconde de vie est un miracle, alors il rend grâce à mère Nature. Sans elle, rien ne peut ! Sans elle, rien n'est ! Sans elle, rien ne peut être ! Au moment où il ouvre les yeux, comme il en avait pris l'habitude depuis quelques jours, il voit Missa approcher à grands pas, pleine d'énergie, pleine de joie.

– Bonjour, tonton !
– Bonjour Missa ! Quel bon vent t'amène ce matin ?
– Le plaisir de te voir, tonton dit-elle en souriant ! Et puis… j'ai un conseil à te demander.
– Ah bon ? dit tonton Gaby en se redressant un peu sur son fauteuil. Assieds-toi et explique-moi la situation.
Il remplit un verre de jus de fruits pour Missa et prend un air interrogateur. Missa s'installe sur un siège et reprend.
– En fait, je me disais que… heu… j'aimerais grandir !
– Grandir ? Mais tu as tout le temps nécessaire pour grandir ! répond tonton Gaby.
– Non, tonton, tu sais très bien de quoi je veux parler : je veux grandir.
– C'est-à-dire Missa ! Tu veux grandir. Explique-moi ce que tu veux dire par là !

– Tonton, j'aimerais grandir intérieurement ! précise-t-elle lentement. Grâce aux exercices que tu m'as fait faire, depuis quelques jours, je constate que j'arrive à avoir une vision beaucoup plus sereine et beaucoup plus calme des choses. J'ai réussi à rétablir le contact et le lien d'amour avec ma famille, avec ma mère en particulier, et je me disais qu'en fait, heu… il me serait utile d'avoir encore quelques notions… parce qu'apparemment, c'est juste ma perception qui fait que, par moments, certaines situations sont difficiles. Alors, j'aimerais avoir une vision plus large des choses. Cela m'aidera peut-être quand je rencontrerai des difficultés en classe, avec mes camarades, avec maman ou dans mon quotidien… Tu m'as dit de faire de mon mieux, mais comment améliorer ce « mieux » ? Ma vie serait plus agréable ! Enfin, bref, je souhaite être heureuse !

– Tu souhaites être heureuse ! reprend tonton Gaby. Il me semble que tu m'avais dit que, pour toi, être heureuse, c'était avoir ton téléphone portable et tes réseaux sociaux. Serait-ce déjà dépassé… ?

– Ben en fait, heu… Finalement, je m'en fous un peu de ces réseaux sociaux. Bon, je ne les ai pas abandonnés, mais j'ai pris conscience, depuis que je suis ici, qu'un certain positionnement intérieur est complètement indispensable pour être heureux, répond-elle en cherchant un peu ses mots. Alors, je veux être heureuse de tout mon cœur.

– Je suis ravi de t'entendre dire cela, Missa ! reprend tonton Gaby. Je suis ravi de voir que tu sais ce que tu veux et que, maintenant, tu es prête. Si tu veux, nous pouvons commencer à travailler. Effectivement, pour grandir, il faut aussi cultiver le bonheur, et ça, c'est un travail que tu peux faire au quotidien. C'est un travail de chaque seconde de ta vie. Dans la vie, il faut choisir ses priorités, et si tu choisis le bonheur, la paix intérieure, la croissance intérieure comme priorités, tu verras que la réussite extérieure coulera de source. Quand on est bien dans sa tête et dans son cœur, la réussite est là, que ce soit dans les études, le métier ou dans n'importe quelle activité que l'on exerce. Cela, parce que ce qu'on fait, on le fait bien, parce qu'à chaque seconde, on fait du mieux possible. Par conséquent, si tu m'exprimes ta volonté de grandir dans la sagesse, dans ces conditions, je t'accepte. J'accepte de t'enseigner ce que je sais. De plus, tu vas découvrir par toi-même tellement de choses… Je vais t'aider à te positionner depuis la surface, mais n'oublie pas que la vérité se trouve à l'intérieur de toi. L'accès à cette vérité intérieure est propre à chacun. Il n'y a pas de vrai, il n'y a pas de faux, il n'y a que des chemins. Chaque personne qui entreprend un chemin vers une paix intérieure emprunte une voie qui lui est propre avec ce qu'on pourrait appeler des épreuves, mais qui peuvent aussi être des opportunités.

En quelques mots, tonton Gaby résume de nouveau à Missa ce qu'est l'état de grâce et complète :

– La première chose à faire, c'est d'essayer de se calmer et de calmer ses pensées. Puis, si possible, de les observer. La deuxième chose consiste à se rendre compte qu'elles véhiculent des émotions. En fonction des jugements ou des interprétations des choses auxquelles on pense, on est heureux ou on est malheureux. Il faut donc identifier les pensées associées à des émotions négatives et s'en détacher. Évidemment, les premiers temps, cela peut être difficile, mais il faut refaire cet exercice aussi souvent que nécessaire pour toujours et toujours revenir vers la paix. Troisièmement, il faut faire preuve de bienveillance vis-à-vis de soi-même et vis-à-vis des autres. Si on regarde bien, cela revient à créer son état de grâce. Créer son état de grâce, c'est donc commencer par orienter sa conscience pour sélectionner des pensées positives, des situations agréables auxquelles on peut penser et se placer à l'intérieur. Une fois dans cet espace, on peut simplement rester dans la paix, la sérénité, l'amour, comme si plus rien n'avait d'importance, et se détacher de tout. Évidemment, les premiers temps, c'est difficile, mais après, cela va de plus en plus vite. Tu en as déjà fait l'expérience en orientant des pensées vers l'amour de ta famille. Je t'ai guidée, mais tu peux essayer de le refaire toute seule. Il faut essayer de rester dans cet état de grâce. Chaque fois que tu le pourras, prends une minute pour penser l'état de grâce, réfléchir à l'état de grâce, vivre dans l'état de grâce. Chaque fois que tu seras en interaction avec quelqu'un, pense à vivre cet échange avec l'autre en étant dans l'état de grâce. Ces notions te semblent-elles claires ?

– Oui ! répond-elle. Effectivement, j'ai déjà commencé quand tu m'as fait me centrer sur l'amour. J'ai ressenti le bien-être et j'ai vu que cela a fonctionné avec ma famille. Il est donc possible de faire cela tout le temps et avec tout le monde ? Il me semble qu'il doit être compliqué d'y penser en permanence. Tu dis qu'on s'y habitue ? Je me demande si, moi, j'en serai capable. Et puis, j'ai dit que je voulais grandir, mais cela ne risque-t-il pas me faire grandir trop vite par rapport aux autres et de me mettre en décalage ?

– C'est bien ! répond tonton Gaby. Je vois que tu as déjà de nombreuses questions. Réfléchis d'abord tranquillement à ce que je viens de te dire. Nombre des réponses que tu cherches sont déjà en toi. Pour les questions qui resteront, j'y répondrai plus tard et je te donnerai plus de détails sur l'état de grâce.

– OK ! répond Missa en commençant à boire son jus qui attend sur la table. Effectivement, j'ai de quoi réfléchir.

☼☼☼

Tonton Gaby semble vieux, mais en réalité, c'est ce genre d'homme à qui l'on ne peut pas donner d'âge. Son allure est intemporelle. Son regard est si profond, si plein d'amour et de bienveillance qu'on se laisserait aller à cet infini avec un plaisir qu'on ne saurait expliquer avec des mots.

Après des années de remise en question, de méditation et de travail sur soi, il a atteint « la sagesse », comme diraient certains. Au-delà de celle-ci, il a également atteint une élévation et une beauté intérieure qui semblent rayonner autour de lui comme une flamme éclairant les ténèbres. Si on devait le décrire, il serait la bienveillance incarnée, l'amour universel personnifié. Il porte tout ceci en lui. Dès qu'on l'approche, on ressent son aura, un apaisement, de la bienveillance. Certains même diraient qu'on a envie de se confier à lui, comme l'ont fait Missa et bien d'autres. Parce qu'il est né pour servir la lumière, pour porter la lumière, parce qu'il est né pour grandir dans la sagesse et dans la lumière ici-bas parmi les humains.

Durant toute sa longue vie, il n'a jamais cessé de vouloir, de méditer, de travailler sur lui. Sa remise en question est quotidienne et chaque fois qu'il avance d'un pas, ce pas lui est salutaire ainsi qu'à toutes les personnes qu'il croise. Il ne le fait évidemment pas pour s'attirer des louanges ou pour en tirer une satisfaction personnelle. Il le fait parce qu'il est convaincu qu'il est né pour servir, pour transmettre son message de bonté, d'amour et de sagesse. Il est une incarnation de l'amour, de la puissance et de la paix.

Évidemment, il n'est pas venu au monde avec tout cela. Ce sont les épreuves de la vie qui l'ont conduit à s'interroger et à se poser des questions existentielles. Par son mérite et sa persévérance, chaque fois qu'il a rencontré une difficulté, au lieu de se lamenter, de blâmer l'humanité ou d'évoquer le destin, il s'est remis en question avec acceptation, humilité, sagesse et détachement. Sans renoncer aux plaisirs de la vie et sans renoncer à ces choses ordinaires qui font le quotidien ou le but de tout un chacun, il a travaillé, il s'est battu. Autrefois médecin reconnu, il est ensuite devenu un thérapeute apprécié et, à présent qu'il n'a plus besoin de travailler pour subvenir à ses besoins matériels, il se donne tout simplement à l'univers pour être en harmonie et ressentir la puissance de celui-ci. Quand on l'écoute parler, il est très humble alors qu'il porte l'univers dans ses mots, dans son souffle. Peu importe la question qu'on peut lui amener, aussi physique ou matérielle soit-elle, il la traite avec bienveillance et ouverture. Il ne juge pas, il ne décide pas, il ne montre pas, il ne fait qu'éclairer et incarner cette lumière qui l'habite désormais.

Son humilité le porte à penser qu'il est loin d'incarner cette lumière qu'il admire, qui jaillit du plus profond de son être. Mais cette lumière est là, en lui ! Elle est là dans son esprit et se manifeste dans son quotidien. Maintenant, il lui suffit de lever les yeux, et de parler : sa parole est sagesse, sa parole est bonté, sa parole est bienveillance.

Les années ont passé, mais il est resté un bel homme. On ne saurait dire son âge, mais, si on devait compter ses années de vie à l'aune de sa sagesse, on pourrait dire qu'il a eu plusieurs vies. Il est là, dans sa petite maison dans la campagne. Son but n'est pas de toucher l'humanité, encore moins de toucher les voisins. Il ne se reconnaît pas cette autorité-là, ce rôle-là, parce qu'il est humble. Mais quand la lumière est, et quand on manifeste lumière et bienveillance, on n'a pas besoin de dire « Regardez, je vais vous aider, écoutez-moi » ! Sans qu'il ait à prononcer le moindre mot, l'humanité se retourne pour le regarder parce que l'humanité est assoiffée de savoir, de sagesse et de bienveillance.

☼

Missa s'est réveillée à l'aube, ce matin-là. Faute d'activité festive au village, elle s'est couchée assez tôt la veille. Elle a réfléchi tranquillement aux échanges faits avec tonton Gaby. Elle s'est dit qu'en fait, tout est bien une question de perception et d'interprétation, que c'est cela qui détermine comment on se sent. « *Tantôt je suis bien, tantôt je ne suis pas bien… Mais, ai-je le pouvoir de grandir ? Non, pas de grandir : ai-je le pouvoir de faire en sorte d'être tout le temps bien, de m'assumer, d'assumer mes choix sans crise, sans larme, sans confrontation, sans forcément déclarer la guerre aux gens que j'aime ? Comment cela pourrait-il être possible ? J'ai envie de bien travailler à l'école et de réussir ma vie, mais sans forcément déclarer la guerre à mes profs, à mes amis, à ma mère, à mon père à mon petit frère… Les situations sont variables, mais si je devais moi-même être acteur de ma vie et cultiver le bien-être, que pourrais-je faire* ? »

À ce stade de sa vie, au plus profond d'elle, Missa est convaincue que réussir sa vie, c'est tout simplement être bien : bien dans sa tête, bien dans son corps et bien dans ses baskets. Mais le bonheur réside-t-il dans le faite de réussir dans ses études et d'avoir un super métier ? Elle a envie de réussir ses études, elle a aussi envie de ressembler à sa mère parce que cette dernière est pour elle un exemple, parce qu'elle est pleine d'amour et pleine de sagesse. Elle est également convaincue que le bonheur peut être à la portée de tous et qu'il n'est pas forcément lié à l'ampleur de ce que l'on appelle habituellement la réussite sociale. Que l'on peut être heureux en réalisant de toutes petites choses et être malheureux en en réalisant de très grandes. « *Je connais des gens, se disait-elle, comme la mère d'une de mes bonnes copines, qui occupe une fonction importante dans une très grosse entreprise. Elle a beaucoup travaillé, elle s'est beaucoup sacrifiée, mais quand je la vois, elle n'a pas l'air heureuse. Elle est nerveuse, agitée et crie souvent. Elle paraît aigrie et ne sourit jamais. D'ailleurs, j'ai entendu dire, ces derniers temps, qu'elle était fatiguée et avait arrêté son travail. Ma copine a employé l'expression burn-out* ».

Quand Missa regarde les gens qui ont apparemment réussi autour d'elle, cette image lui revient quelquefois. La jeune fille aimerait réussir, mais en étant dans la paix, sans écraser ses semblables pour être la meilleure. Elle aimerait briller sans offenser, sans faire de la peine aux uns et aux autres. Elle aimerait réussir, mais en étant d'abord en paix avec elle-même, avec son entourage et faire simplement de son mieux. Elle aimerait donc cultiver un certain bien-être, une certaine sagesse, une certaine élévation. Du haut de ses quatorze ans, elle a déjà fait toutes sortes de rencontres : des amis, des copains, des camarades de classe et, à travers eux, elle a déjà commencé à apprendre à regarder l'humanité. Elle a appris à regarder les uns et les autres, leur fonctionnement, et constaté que les choses sont souvent répétitives : il faut faire comme ceci, il faut faire comme cela... Que ce soient les paroles, les actes, les intentions ou les pensées, ils sont souvent accompagnés de frustration, de mal-être, de crainte ou de peur.

Missa est née avec une curiosité qui l'a amenée à développer son sens de l'observation. Elle est capable de décrire les uns et les autres ainsi que, dans une certaine mesure, de percevoir leur ressenti. Toute petite déjà, elle a appris à regarder autour d'elle et à regarder en elle-même. Évidemment, elle a fait partie du « troupeau » et elle a vécu comme le troupeau. C'est-à-dire que rien ne la différenciait alors des enfants de son âge. Elle a cependant énormément progressé parce qu'elle s'est posé des questions et, en se posant des questions, en observant les uns et les autres, elle s'est rendu compte que le bonheur ne réside pas uniquement dans la réussite matérielle parce que la mère de son amie est loin d'être épanouie, loin d'être heureuse. Elle a aussi compris que le bonheur ne se trouve pas dans la beauté physique. Elle a en effet remarqué que certaines jeunes filles de son collège, plus âgées qu'elle et d'une beauté telle que les mots manquent pour les décrire, pleurent et ont des chagrins causés par l'amour ou par d'autres motifs. Elle fait ce genre de constat presque quotidiennement. En fin de compte, si le bonheur n'est pas forcément lié à la beauté ou à la réussite matérielle, il ne tient pas forcément non plus dans le fait d'avoir une famille et des enfants. En effet, quelques jours auparavant, elle a vu un couple avec des enfants qui s'étaient disputés et la mère pleurait. Missa parvient à percevoir tout cela, juste en étant là et en observant son environnement, son quotidien. Elle perçoit et en tire des constats.

Le fait d'observer sans jugement et de se poser des questions a eu pour conséquence le fait qu'une partie d'elle s'est mise à chercher des réponses. Tant qu'elle ne les trouve pas, elle ne s'arrête jamais. Elle reste « en quête ». La jeune fille est venue à la campagne presque sous contrainte parce qu'elle s'y est plus ou moins sentie obligée par sa mère. Mais, contre toute attente, à présent, elle se lève avec des pensées philosophiques liées au bonheur et au bien-être. Elle se dit qu'en fin de compte, dans la vie, tout est une question de perception et que tout est éphémère, les pensées comme le bon petit déjeuner qui l'attend en bas. Elle comprend qu'elle peut être aussi heureuse en mangeant du pain rassis qu'en dégustant du pain frais trempé dans un chocolat chaud ; le bonheur ressenti reste le même, authentique. En réalité, les événements ont tout simplement l'importance qu'on leur donne : tout est une question de perception et d'interprétation des situations. « *C'est l'interprétation que je donne aux choses qui fait que, ce matin, je suis heureuse ou malheureuse* », se dit-elle.

Cette découverte soulève en elle une montagne de questions : comment faire pour que mes interprétations soient les plus libres possible : libres d'habitudes et libres d'automatismes ? Comment faire pour qu'elles ne puissent pas m'atteindre négativement ? Comment faire pour que, non seulement mes interprétations soient justes, mais plutôt tirées vers le haut, afin que je puisse en ressortir indemne et en paix ?

Alors que Missa essaie de répondre à ces questions, elle se souvient qu'elle voit l'infini dans le regard de tonton Gaby, l'infinie sagesse, l'infinie bienveillance. Elle sait qu'il peut lui venir en aide et lui apprendre comment vivre sainement et sereinement. Il peut lui apprendre comment faire en sorte que tous ses filtres, toutes les interprétations qui la rendent tantôt malheureuse et tantôt heureuse, s'évanouissent pour laisser la place à la plénitude, à la paix et à la sérénité.

Pour autant, Missa ne compte pas renoncer au monde matériel et elle compte bien réussir sa vie. Elle veut faire des études qu'elle aime, avoir un bon métier, avoir une belle maison, et, pourquoi pas, plus tard, avoir un mari et des enfants. À quatorze ans, la plupart des jeunes filles rêvent de cela et Missa est comme toutes les autres. Elle est convaincue qu'elle est venue sur terre pour être heureuse, que tout est possible, que tout est à portée de main. Elle a décidé de ne pas être victime des circonstances, de ne pas subir les choses, mais d'être actrice de sa vie. Elle a compris que l'on peut être mené ou que l'on peut être meneur, et que l'on n'est pas obligé d'être le meneur d'une grande multinationale. Il suffit d'être le meneur de sa vie. On ne peut certes pas éviter toutes les circonstances adverses qui se présentent, on ne peut pas éviter les interactions, qu'elles soient bonnes ou mauvaises, bénéfiques ou néfastes. En revanche, on peut faire quelque chose, à savoir être acteur de la manière dont on va les interpréter, dont on va les vivre et dont on va les surmonter.

Au plus profond de son être et de son cœur, Missa est convaincue que son but est le bonheur, la paix, la sérénité, car elle en ressent l'écho. Chaque jour de sa vie, son cœur le lui rappelle. Elle ne peut pas faire autrement que l'écouter et aller à la recherche de son propre chemin. Par conséquent, plus tôt elle se débarrassera de son fardeau, de toutes ses interprétations et de tous ses filtres qui la rendent malheureuse, plus tôt elle sera heureuse. Telle est sa résolution du jour ! « *Je vais demander à tonton Gaby de m'aider à avoir une vision juste, saine et surtout de rester, quoi qui se passe, dans la paix !* », décide-t-elle.

Sa chance, c'est qu'elle voit la lumière de tonton Gaby. Elle sait qu'il est le phare qui peut éclairer les ténèbres. C'est pourquoi, d'un pas décidé et certain, elle avance à travers champs pour aller le voir. « *Il n'y a aucun doute, se dit-elle. Avec de la persévérance, du travail, de la remise en question et de l'humilité, on peut arriver à beaucoup de choses. Il faut se mettre au travail maintenant, ici et maintenant : certainement pas demain ! Il n'y a pas d'âge pour grandir dans la sagesse, il n'y a pas d'âge pour comprendre certaines choses, il n'y a pas d'âge pour les questions existentielles. C'est juste une affaire de perception et de ressenti* ».

En cheminant, elle essaie de se formuler au mieux la façon dont elle va lui demander son aide. Elle se dit que c'est trop demander, que c'est un peu naïf, voire maladroit, mais peu importe. Elle a dépassé tout ceci ! Elle avait un but, et ce but dont elle ressent le besoin, c'est la liberté, c'est la paix. Et au nom de cette liberté à laquelle elle aspire, elle peut tout faire. Elle avance donc sans aucune hésitation, d'un pas certain. Plus elle marche dans ces champs, plus elle est convaincue que, désormais, plus rien ne pourra l'arrêter, que son chemin est déjà tracé et que, peu importe le résultat, peu importe le temps, le plus important est de se mettre en route. Plus elle avance à travers cette nature qui l'entoure, plus l'amour de l'universel, cette lumière et cette paix indescriptible l'appellent, et plus elle en ressent cet écho dans l'atmosphère, dans le ciel et partout. Elle ressent cette atmosphère très particulière et se dit : « *Il faut que j'en apprenne plus, il faut que j'arrive à cultiver ceci, il faut que je m'ouvre de plus en plus à cette lumière pour que j'en sois vraiment imprégnée* ». Plus elle le considère, plus cet écho est important, dense et puissant. Elle constate également que, plus elle y pense, moins elle a peur. Plus elle y pense, plus elle est enthousiaste et ressent cette joie. La joie de la réalisation, de la liberté coûte que coûte, de la liberté qui n'a aucun prix parce que quand on s'ouvre à l'univers, il n'y a aucune limite.

☼

Elle arrive donc chez tonton Gaby, le regarde et lui parle de son habituel ton enjoué :

– Bonjour, tonton !
– Bonjour Missa ! répond-il avec un large sourire.
– Tonton, j'aurais besoin de ton aide ! reprend-elle.
– Si je peux t'aider, Missa, ce sera avec grand plaisir !
– Comment te dire ? J'ai besoin de toi !
– Tu as besoin de moi ou tu as besoin de savoir écouter ce qui est en toi ?
– Disons que… les deux !
– Eh bien, je t'écoute, Missa !
– Tonton, si je me trompe dans ma façon de dire les choses, je te prie de m'excuser par avance, mais j'aimerais te parler avec sincérité parce que seule la sincérité peut me faire grandir. Je me dois de te dire les choses comme elles sont. Quand bien même cela peut paraître ridicule, je me dois cette sincérité. Depuis plusieurs jours que je suis ici, avec quelques phrases, quelques mots, tu as su m'ouvrir l'esprit à propos de mon malaise avec ma famille ou dans ma vie en général, et une remise en question globale de ma façon de fonctionner s'est imposée à moi comme une évidence. Alors, si tu le permets, je t'implore, je te supplie de me venir en aide… !
– Mais, Missa ! répond tonton Gaby. Je suis là, tu n'as pas besoin de me supplier. Si tu me le demandes, c'est mon devoir que de t'accompagner, de te montrer le chemin à suivre. Je ne le fais pas pour toi, je ne le fais pas pour moi, je le fais parce que je me dois de le faire. Et si tu réussis, ce ne sera pas ma réussite, ce sera ta réussite et l'univers entier aspire à ce que tu réussisses.

– Tonton, j'aimerais tout revoir, absolument tout, et donner un sens à ma vie. J'aimerais réussir ma vie matérielle, j'aimerais réussir mes études, j'aimerais avoir une vie ordinaire, mais sans pour autant renoncer à tout ce qu'il y a de plus profond en moi. J'aimerais cultiver l'amour, la paix, la sérénité, la joie... J'aimerais affronter la vie en étant actrice, mais j'aimerais être une actrice qui se nourrit de l'amour et de la paix. J'aimerais être actrice, et même être moteur d'une vie heureuse, épanouie. J'aimerais grandir intérieurement.

– Voilà plusieurs objectifs que tu aimerais atteindre, Missa, mais quelle est la finalité ? Dès lors que tu auras défini ta finalité, nous mettrons tous les moyens pour que tu y arrives. Mais si tu ne sais pas ce qu'elle est, je ne saurai pas comment t'aider Missa.

– Ma finalité, tonton, c'est que... J'aimerais me débarrasser de toutes mes craintes, de toutes mes peurs, de toutes mes appréhensions. J'aimerais me débarrasser de mes attentes, de mes frustrations. En fait, quoi qu'il arrive, j'aimerais être heureuse dans mon quotidien…

– Ah, tu aimerais être heureuse ? reprend tonton Gaby. Nous en avons parlé récemment, et je t'ai rappelé l'importance de l'état de grâce comme moyen. Mais tu sais que certaines personnes sont heureuses en mangeant une glace. Quelle sorte de bonheur attends-tu Missa ?

– J'aimerais avoir une paix intérieure, répond-elle, avant de reprendre en énumérant lentement : j'aimerais être juste vis-à-vis des autres et vis-à-vis de moi-même. J'aimerais être bienveillante vis-à-vis des autres et vis-à-vis de moi-même. J'aimerais avoir la parole juste, l'attitude juste, le comportement juste. J'aimerais faire de mon mieux à chaque moment et, quand bien même je ne ferais pas de mon mieux, j'aimerais avoir ce regard bienveillant vis-à-vis de moi-même. J'aimerais avoir de la sagesse, faire au mieux, sans culpabiliser et sans remords en pensant pouvoir faire mieux. J'aimerais prendre les choses avec recul, détachement, tout en étant dans la joie ou dans la peine si la peine vient, mais avec une solide assise. J'aimerais tout simplement me reconnecter avec mon vrai moi, mon vrai intérieur.

– Que veut dire « *me reconnecter avec mon vrai moi* » ? demande tonton Gaby. Missa, ce n'est pas parce que tu entends des mots par-ci par-là que tout est vrai. Tu sais, dans la parole des uns et des autres, il y a à boire et à manger : que veut dire « *me reconnecter avec mon vrai moi* » ?

– J'aimerais... j'aimerais avoir une référence plus profonde, plus large, plus vaste, une conscience plus large, plus profonde, plus vaste. J'aimerais que toutes les choses que le temps guérit, eh bien, qu'elles soient guéries instantanément avec ce moi profond.

– Qu'entends-tu par « *moi profond* » ?

– J'aimerais… Je ne saurais pas te dire, tonton. Au plus profond de mon cœur, quand je vais chercher, j'ai l'impression d'être authentique, vraie, juste, sincère, bienveillante, douce, aimante. J'ai l'impression d'être libre. Toutes ces impressions que j'ai au plus profond de mon cœur, j'aimerais qu'elles viennent à la surface, qu'elles occupent leur espace, leur espace de surface. Je ne sais pas si ce sont les vrais mots, les mots justes, mais tu sais, quand je regarde au plus profond de mon cœur, c'est cela que je ressens. Il m'arrive parfois de mal réagir, je le sais. Parfois, je réagis mal en fonction du comportement de l'autre, tantôt c'est par jalousie, tantôt par vengeance, tantôt pour ceci ou cela. Mais si je devais laisser tous ces comportements de surface, une autre réponse pourrait venir de la profondeur de mon cœur… Je ne sais pas pourquoi je te dis que c'est mon moi profond ou mon vrai moi. Je n'en sais rien ! Toujours est-il que c'est là, précise Missa en posant sa main sur son cœur et en fermant légèrement les yeux.

C'est au plus profond de mon cœur que je ressens l'authenticité, la vérité, la bienveillance, l'amour. Tu vois, c'est là, au plus profond de mon cœur, que se trouve cette beauté qui n'a pas de nom, qui n'a pas de visage, cette beauté qui est en tout… C'est comme ça que je le ressens. Je sais que ce n'est pas simple et j'avais honte de t'en parler, mais c'est comme ça que je le ressens. J'ai l'impression que j'ai une beauté infinie au plus profond de mon cœur et je suis convaincue que chaque être humain a la même. Tu sais, je crois que le problème, c'est juste qu'on ne prend pas le temps de se reconnecter avec cette beauté intérieure. Certaines personnes vont appeler cela Humanité, d'autres Altruisme, d'autres Bonté d'âme, d'autres Générosité, d'autres Intelligence, mais moi je ne saurais lui donner de nom. Quand je perçois ce qui vient du plus profond de moi, j'aimerais rester et vivre dans ce ressenti parce que lorsque je suis dans ce ressenti, je me sens heureuse. Quand je suis dans la surface, j'éprouve des sentiments contradictoires, des sentiments de lutte, de jalousie, de rivalité, de…

Missa fait une petite grimace.

– J'aimerais que tous ces sentiments-là s'évanouissent et au profit de cette profondeur que tout le monde a, mais avec laquelle j'ai l'impression que personne ne prend le temps de se reconnecter pour la considérer. Je sais que j'ai quatorze ans, que j'ai tout à apprendre, que la vie est devant moi et que je suis ignorante, je sais tout cela. Mais ce je que je ressens, ça, on ne peut pas me l'enlever, c'est la vérité. Je sais que si on veut prendre le temps de se connecter avec cette profondeur, au plus profond de son cœur, chaque être humain peut ressentir l'amour, la paix, la joie, la sérénité, le calme, l'acceptation et la bienveillance. Et tous ces sentiments-là, j'aimerais tellement qu'ils viennent et qu'ils fassent partie de mon quotidien !

– Je te félicite, Missa ! répond tonton Gaby. Je suis impressionné par ta sincérité et ta vision limpide des choses. Effectivement tu es prête, tu es prête à commencer le chemin.
– De quel chemin veux-tu parler, tonton. Je veux juste grandir un peu, moi !
– Tu peux l'appeler comme tu veux, Missa. Certains appelleront cela grandir, d'autres appelleront cela le chemin, d'autres l'éveil, d'autres l'épanouissement, d'autres le détachement, d'autres le lâcher-prise, peu importe dès lors que l'on va vers la vérité.

Tonton Gaby félicite à nouveau Missa pour cette aspiration et, vu l'ampleur du sujet, il propose de remettre l'échange au lendemain, car il a des obligations prévues pour cette fin de matinée. Il confirme néanmoins à Missa qu'il est tout à fait disposé à lui apporter toute l'aide dont il sera capable.

☼

Le lendemain, Missa retourne voir tonton Gaby dans l'après-midi. La matinée a été consacrée à une randonnée afin d'aller découvrir des sites réputés pour leur beauté. Missa est encore pleine des sensations éprouvées suite à la découverte des merveilles de la nature. Elle en fait part à tonton Gaby et ils échangent sur les sites visités. Après ce partage, ce dernier lui dit :

– Tu veux entreprendre ce travail d'élévation et de sagesse, un travail sur toi pour être en paix, heureuse, et efficace dans ton quotidien ? C'est très bien, mais veux-tu aller jusqu'au bout ?

– Que veut dire « *aller jusqu'au bout* » ? répond-elle. Moi, je veux une certaine sagesse, un certain détachement par rapport aux choses, mais quand tu dis « jusqu'au bout », cela signifie quoi exactement ? Il s'agit d'aller au bout de quoi ?

– Je t'en ai parlé il y a quelques jours, Missa. Je t'ai dit que chacun cherchait son bonheur ou sa source. Il y en a qui trouvent le bonheur dans l'argent, d'autres qui le trouvent dans leur travail ou leurs loisirs et d'autres encore qui cherchent des choses que je ne saurais t'expliquer avec des mots…

– C'est quoi, ces choses, tonton, que tu ne saurais m'expliquer avec des mots ?

– Eh bien, certains cherchent à être milliardaires, d'autres à séduire leur voisine. Ça, c'est facile à expliquer avec des mots… Mais d'autres cherchent la plénitude, l'union avec l'univers, l'unité. Vois-tu ce que je veux dire, mon enfant ?

– Pour le milliardaire, je comprends bien, j'aimerais bien avoir beaucoup d'argent. Séduire sa voisine, je comprends aussi. Si mon voisin était un charmant garçon, pourquoi pas, tonton ? Mais alors l'union avec l'univers, je ne sais pas de quoi tu parles !

– L'union, mon enfant, c'est être en phase avec la vie, être en phase avec son âge, être en phase avec les épreuves et le quotidien que l'on vit, être en phase avec tout ce que l'on entreprend dans la vie ou qui vient de lui-même à nous, à moi, à toi. C'est avoir l'attitude juste au bon moment, et avoir la juste parole, la juste pensée. C'est être en phase avec l'univers, sentir l'air que l'on respire, qui nous apporte la vie, être en phase avec lui et lui être reconnaissant. C'est être en phase avec le mouvement de la vie, sentir le tout, considérer le tout et faire partie du tout. On se croit séparés, on se croit individuels, mais c'est un leurre, mon enfant. On fait partie du tout, on fait partie de l'univers, on fait partie de l'espèce humaine, on fait partie de la vie, tout simplement. Notre mental nous fait croire qu'on est détaché, mais si on est détaché de la vie, la vie n'*est* pas. C'est ça, faire partie du tout ! Tout remettre au tout, ressentir le tout et se laisser aller à cette danse parfaite qu'est la danse de la vie. Cette vie qui, elle-même, subit le temps, passe par la danse des saisons ! Mais non, je ne peux garder le mot subir : la vie ne subit pas le temps : le temps et la vie sont indissociables, ils sont un. Sans vie, le temps n'est pas et, sans temps, la vie n'est pas. Il s'agit d'être en phase avec ce mouvement comme si c'était une danse parfaite, et de se laisser tout simplement porter comme si rien n'avait d'importance : ni la vie, ni la mort, ni les saisons qui passent. Comme si l'univers entier était dans chaque être vivant, dans chaque parcelle de terre et évidemment dans notre corps : dans ta tête, dans l'air que tu respires et dans chaque cellule de ton corps. Peut-être que je te demande trop, peut-être que cela te paraît lointain, mais si tu peux faire taire ton mental parfait, organisateur, tu sauras alors que ce je te raconte est la pure vérité, que la vie est une parfaite symphonie réglée par les jours et les saisons. Plus on lutte, plus on est malheureux et plus on se croit détachés. Moins on doute, plus on se laisse porter par la vie, plus on est heureux et en phase avec elle. Et quand on est en phase avec la vie et sa symphonie, les épreuves n'ont plus lieu d'être. Tout s'efface, tout s'évanouit. Il n'y a plus que danse et symphonie…

– C'est tellement beau ce que tu me racontes là, tonton ! reprend Missa. Je pense bien que c'est vrai, je le comprends… Je sens que c'est vrai, mais en même temps… je ne le ressens pas !

– Que veut dire le fait que tu le ressentes ou pas, mon enfant ? demande tonton Gaby. Le plus important est que cela fasse écho. Le plus important, c'est que tu l'entendes. Quand tu l'as entendu, tu as peut-être besoin de temps pour que le chemin se fasse, pour que les choses s'installent, pour que la symphonie puisse résonner dans ton cœur, d'abord secrètement, le plus doucement possible. Ensuite, cette symphonie grandira et s'installera dans ta tête où elle ouvrira toutes les cloisons qui s'y trouvent. Tous les jugements, toutes les idées arrêtées s'évanouiront pour laisser place au possible, à la liberté et, pourquoi pas, au miracle. Quand cette lumière qui a jailli de ton cœur arrivera dans ta tête, il te faudra tout déposer : toutes tes croyances, toutes tes idées. Tout ce que tu as appris, tu devras le désapprendre. Tu devras tout déposer pour laisser la symphonie de la vie te nourrir : nourrir ton esprit pour que la lumière jaillisse.

– Tonton, c'est très beau, mais en pratique, comment dois-je faire ? Je commence par quoi ? J'ai l'impression de voir une montagne. En même temps, tout ce que tu m'as dit, je le crois. Je ne sais pas, j'ai l'impression de l'entendre, j'ai l'impression que c'est vrai, mais cela me semble énorme. Je ne sais pas comment te dire, mais j'ai quatorze ans quoi !

– Je n'oublie rien, Missa, mais je ne mets rien de limitant dans ma conscience, je ne considère rien. Si je commence à me dire que tu n'as que quatorze ans, je projette sur toi mes propres pensées et mes propres limites qui pourraient te limiter dans ton élan. Je préfère me dire que j'ai un être pur en face de moi, tu comprends cela ? Tout être humain est capable de cette pureté : il suffit d'entendre, il suffit de prendre son temps pour écouter. Au plus profond de ton cœur, tu vas sentir la vérité, la lumière qui jaillit, tu vas sentir la bienveillance et l'amour infini, incommensurable et vrai qui occupe tout l'espace. Ce n'est pas que toi, mon enfant. Toute l'humanité en est capable. Chacun à son rythme, bien entendu...

– C'est beau, tonton, j'adore ! reprend Missa. Mais si on commençait par le commencement ?

Tonton Gaby émet un petit rire puis dit :

– Tu as bien raison, commençons par le commencement. Pour toi, c'est quoi, le commencement ?

– Ben je ne sais pas, je suis venue te dire que je voulais me connecter à ma profondeur, juste être un peu sage et voilà que tu me dis qu'il faut que je m'ouvre à l'univers. Mais avant de commencer par l'univers, autant commencer par ma petite personne !

– Effectivement. Mais si l'on considère que tu fais partie de l'univers et que toi-même, tu es l'univers, on peut donc commencer par l'univers ou par toi-même. Quelle importance puisque tu fais partie de ce mouvement ?

– Ah oui, je ne le voyais pas comme ça ! dit Missa. Maintenant que tu le dis… Tonton, tu ne crois pas qu'il faut attendre un petit peu avant de…

– Oh, je peux attendre, Missa, mais tu es prête. C'est toi qui as sollicité mon aide, c'est toi qui ressens la poussée d'amour dans ton cœur qui a besoin de venir en avant pour occuper l'espace, c'est toi qui as ressenti la lumière qui va venir dissoudre tout ce qu'il y a pour laisser place à l'ouverture, à l'intuition, à la vérité, à la sagesse. C'est toi qui es venue me chercher, Missa. Moi, je reste dans mon coin, n'est-ce pas ? Et si tu n'étais pas venue me voir, quand bien même je sais que c'est la vérité, quand bien même je sais qu'il n'y a pas plus important que cela, je ne serais jamais venu te demander de t'ouvrir à quoi que ce soit parce que ton libre arbitre est loi et doit être respecté. C'est lui, et uniquement lui, qui décidera de ton lendemain. C'est toi qui décides. Si tu décides d'avancer, les énergies de l'univers aideront à ce que tu avances, mais si tu te fermes, l'univers aidera à ce que tu te fermes. Tu as parlé d'être maître de sa vie, tu te souviens ?

– Oui, tonton, je te demande pardon.

– Tu n'as pas à me demander pardon, mon enfant ! Rappelle-toi que les rapports qu'on doit avoir les uns envers les autres sont des rapports de bienveillance, d'ouverture, de tolérance et d'amour. Si tu viens me voir, c'est que tu as besoin d'un certain enseignement. Je dois te donner la parole juste, l'attitude juste, le mouvement juste et tu as le droit de penser tout ce qui te passe par la tête. Tu peux me dire tout ce qui te gêne, absolument tout. Ce n'est que comme cela que tu pourras avancer : en étant sincère, limpide, honnête. Et en étant honnête… pas seulement avec moi, non, en étant honnête avec toi-même ! Parce ce quand quelqu'un trompe, il ne trompe pas l'autre, il se trompe lui-même. Quand quelqu'un triche, il ne triche pas contre l'autre, il triche contre lui-même. Quand quelqu'un ment, il ne fait pas de mal à l'autre, il le fait d'abord à lui-même parce qu'il fausse toutes les donnes pour que les choses de sa vie puissent avancer d'une façon limpide, sereine, claire. Quand on sème le brouillard, on récolte le brouillard. Quand on sème la tempête, on récolte la tempête. Quand on sème l'amour, la paix, la tolérance et la bienveillance, on récolte l'amour, la paix la tolérance et la bienveillance.

L'univers est un miroir. Tout ce que tu penses faire à l'autre, tu te le fais d'abord à toi-même.

– En fait, tonton, heu, comment te dire ? En fait, je pense que je ressens l'amour. Mais tu sais, pas cet amour dédié dans lequel on a des intérêts, mais cet amour qui n'a pas d'attente. C'est ça que je ressens pour toi, tonton, et puis pour toute cette jolie campagne, pour tous ces jolis paysages… Comment dire ? Je ressens l'amour, quoi !

– Est-ce que tu sais, Missa, que l'amour est une énergie, un pouvoir ?

– Heu oui ! J'ai dû entendre quelque chose comme ça quelque part…

– Mon enfant, pour répondre à ta demande, tu veux avancer sur le chemin de la vérité ? Tu veux arriver à une plénitude, à un épanouissement intérieur, à un bien-être ?

– Oui, tonton, de tout mon cœur.

– Bien ! Il y a deux phases à travailler. C'est une bonne chose que ce soient les vacances d'été et que nous ayons encore plusieurs jours devant nous. En tous cas, tu sais que tu pourras revenir. Une fois les vacances terminées, tu pourras revenir pour des week-ends, ou pour des vacances d'hiver, tu seras toujours la bienvenue. Nous pourrons également continuer à échanger à distance, par téléphone. Nous ferons comme tu voudras. Il y a donc deux phases, deux mouvements à travailler. La première phase est un mouvement vers l'intérieur. Il concerne ta personne, ton ressenti, ton chemin, ta propre attitude : comment se corriger, comment évoluer, comment se positionner intérieurement, comment avoir des pensées positives, comment les pensées positives peuvent avoir un impact sur soi, etc. C'est aussi un travail sur le relationnel : comment s'ouvrir, comment tolérer l'autre, comment voir toutes les facettes d'une situation comme les facettes d'un cube, comment avoir une vision large des choses, comment se positionner intérieurement. Ce premier travail concerne donc le positionnement intérieur. La deuxième phase concerne un mouvement vers l'extérieur. Le second travail à faire, si tu le veux bien sûr, est de s'ouvrir à l'univers, de ressentir l'univers, de ressentir la symphonie de la vie. L'un ne peut pas aller sans l'autre. Pour que tu puisses être en phase avec la vie, il va falloir procéder à un nettoyage complet, c'est-à-dire absolument tout remettre, sans aucune retenue. Tout remettre à l'univers pour qu'il puisse le « purifier ». Mais tu verras que quand tu penseras avoir tout remis, il en restera encore, et que quand tu penseras enfin que ce sera fait, il en restera encore… La nature humaine est ainsi faite. C'est la raison pour laquelle, dans un second temps, ou même en parallèle au premier travail, il faudra effectuer un travail d'ouverture sur l'univers pour ressentir la symphonie de la vie dans chaque cellule de ton corps… C'est OK ?

– Avec grand plaisir ! Heu, tonton, est-ce que ça peut rester entre nous ?

– C'est-à-dire, Missa ? Tu ne veux pas que j'en parle à ta maman ?

– Pas dans un premier temps, car j'ai peur qu'elle s'inquiète, répond-elle.

– Cela peut tout à fait rester entre nous, mais tu serais surprise de savoir toutes les choses que ta maman peut accepter. Je t'aime, Missa. La nuit va commencer à tomber. Je te laisse rentrer, car tes parents pourraient s'inquiéter pour toi.

Ce matin-là, le soleil est au rendez-vous. Il règne une douce fraîcheur égayée par le chant des nombreux oiseaux présents sur les arbres autour de la ferme. Tonton Gaby est assis sur sa terrasse. Il apprécie ce moment. Il s'émerveille devant cette splendide nature et lui rend grâce pour ce bien-être inexplicable qu'il ressent. Il remercie la nature pour ce qu'elle lui donne, pour tous ces paysages de campagne. Il remercie également la nature et l'univers pour son corps, parce qu'il se sent bien dans son corps. Si, ce matin, au lever, il est en forme et peut ouvrir les yeux pour apercevoir le soleil, c'est grâce à la nature. Depuis très longtemps déjà, il sait que rien n'est dû, que ce n'est pas parce qu'il a déjà vécu une soixantaine d'années que les choses sont acquises pour autant. Il se souvient que le fait d'avoir ouvert les yeux ce matin-là, et de percevoir les choses qui l'entourent est un miracle, parce que chaque seconde de vie est un miracle ! Comme d'habitude, il commence sa journée en rendant grâce à la mère Nature, à l'univers. Il remercie pour tout ce qui lui a été donné, pour cette journée qu'il s'apprête à vivre parce que chaque journée vécue est une bénédiction.

On peut passer sa journée à se morfondre ou à se lamenter comme un enfant gâté en se disant « *Moi, je veux ceci* » ou « *Moi, je veux cela* ». Mais on peut tout aussi bien passer sa journée à rendre grâce parce que rien n'est jamais acquis. Au lieu d'orienter sa conscience uniquement vers des désirs lointains, des projets lointains, vers des aspirations spirituelles lointaines, on peut aussi ouvrir les yeux sur soi, sur son corps, sur son environnement et sur cet air que l'on respire. N'allons pas loin, restons ici, ici et maintenant…

Tonton Gaby considère tout simplement le moment en étant conscient de n'être rien dans cette immensité, en étant conscient du fait que le temps de tout être vivant est compté et que quand on vient à la vie, c'est uniquement pour un laps de temps, en sachant que tout est éphémère. L'univers, en revanche, est bien là ! Le temps passe, les saisons passent, les temps changent, mais l'univers est là. Et quand on prend conscience que l'on fait partie de cet univers, on ne peut que ressentir de la plénitude, de la gratitude d'être vivant et en bonne santé. On peut se rendre compte que tous nos problèmes, quels qu'ils soient, aussi importants qu'ils puissent paraître, sont tout simplement secondaires face à la vie et à cette immensité.

Ainsi, installé sur sa terrasse, fidèle à ses habitudes matinales, tonton Gaby apprécie-t-il ce petit vent, cette fraîcheur du matin, ce soleil qui se lève. Il ressent cette énergie, cette symphonie de la vie autour de lui et en lui. Nous ne sommes pas séparés de la nature, nous ne sommes pas séparés de l'univers : nous sommes un dans cette symphonie parfaite. Alors, il rend grâce, il apprécie le moment, il fait taire sa pensée et il vit le « ici et maintenant ». Au plus profond de lui, il entend une voix qui s'exprime :

« *Je suis la vie, je suis énergie : tonton Gaby est conscient de moi. Je suis le début et je suis la fin. Je suis la perfection, je suis le tout et je suis le détail. Dans mon organisation et dans ma perfection, tout est prévu, absolument tout : comment donner la vie, comment organiser cette vie pour chaque espèce et comment faire en sorte que chaque espèce vive en interaction avec les autres. Je suis le sacré. Tout est moi et parfait, tout en moi est parfait. Les humains disent que la nature est bien faite parce qu'ils ont perçu que je suis une organisation parfaite où chaque détail est considéré, où chaque détail à lui seul symbolise l'infini, où chaque détail fait partie d'un tout, où ce tout est parfait et représente une entité. Je suis la vie : je suis la cellule, je suis le tissu, je suis l'organe, je suis le corps, je suis l'animal, je suis la personne, je suis la tige, je suis la feuille, je suis la rose...*

*Je suis une symphonie parfaite où chaque détail est en interaction avec son devenir. Je suis la symphonie qui n'a pas de début et qui n'a pas de fin ! Quel est donc mon but ? Il est de manifester la joie, la beauté, l'harmonie, la perfection et la sagesse ! Pourquoi donc est-ce que je veux manifester cela ? Parce que je suis l'essence de cela, parce que je suis moi-même cela. J'entends les humains dire : mais pourquoi tant de handicapés, pourquoi tant de maladies, pourquoi autant de malformations ? Je leur réponds que, même dans ce que l'on pourrait appeler la laideur, il y a de la joie, il y a de la beauté, il y a de la sagesse et il y a de l'harmonie. Mais qu'est-ce que la laideur ? C'est une vision humaine limitée. Et le handicap alors ? Je ne peux pas parler de tous mes paramètres, de toute mon organisation, qui sont trop complexes et concernent la vie entière. Je peux cependant dire ceci : il semble y avoir certains ratés, si je peux les appeler ratés, mais dans mon absolue perfection, il n'y a pas de ratés, tout est voulu, c'est comme ça. Je ne peux pas vous expliquer tous mes paramètres, mais certaines expériences sont à vivre, certaines expériences sont à digérer, certaines épreuves sont là parce qu'elles doivent être là. Parce que sans épreuve, il n'y a pas de progrès et, sans progrès, toute cette merveille, cette organisation et cette beauté seraient perdues à jamais. Ainsi, dans mon organisation parfaite, tout a été voulu ainsi.*

*Je suis la Sagesse parce que tout a été programmé, tout a été organisé avec une vision très haute de l'ensemble.*

*Je suis la Beauté, parce que sans beauté, ce monde serait bien fade.*

*Je suis la Joie, parce que la joie est une énergie de réalisation.*

*Je suis la Perfection, parce que dans mon harmonie, tout est un* ».

Comme d'habitude, après cette expérience d'unité et avant son petit déjeuner, tonton Gaby fait quelques exercices physiques qui contribuent à la préservation de la vie et au bien-être de toutes les parties de son corps.

Missa arrive un peu plus tard d'un pas dynamique.
– Bonjour, tonton Gaby, comment vas-tu ce matin ? demande-t-elle d'un ton enjoué.
– Je vais très bien, Missa. Je vois que tu es en forme. Veux-tu que nous allions nous promener un peu dans les champs, que nous nous occupions des animaux ou préfères-tu t'installer à côté de moi ? Que choisis-tu ?
– Marcher ! répond-elle.

Ils se mettent donc en route et, une fois arrivée sur un chemin à la sortie de la ferme, Missa ajoute avec un petit air impatient :
– En fait, je voudrais te dire quelque chose.
Devant l'air perplexe de tonton Gaby, elle ajoute :
– Ben, en fait, tonton, j'ai parlé avec maman, hier, parce que finalement, après tout, je ne me voyais pas lui cacher une chose pareille. Et comme tu l'avais dit, j'ai été agréablement surprise parce qu'en fait, elle était ravie pour moi. Je lui ai dit que je comptais entamer un chemin pour grandir intérieurement. Je lui ai dit que j'aimerais être heureuse. Autrement dit, j'ai dit à maman que j'aimerais essayer d'arrêter d'être en conflit avec tout le monde, y compris avec moi-même, et aussi que j'aimerais bien me retrouver moi-même et être en phase avec moi-même, complète Missa sur un ton dynamique.
– Eh bien, dis donc, tu as dit tout cela à ta maman ? reprend tonton Gaby. Heureusement qu'elle a cette capacité de compréhension et de la sagesse, sinon tu l'aurais effrayée. Cela peut sembler inquiétant de voir un enfant de quatorze ans parler de tant de notions qui peuvent paraître aussi abstraites. Mais ta

maman est sage. Elle est très sage. Elle sait voir la vérité et elle sait voir la vérité que tu cherches.

– Heu, si tu le vois comme ça, eh bien, c'est une bonne chose ! répondit Missa. Donc maman est d'accord pour que je puisse heu… me chercher !

– Me voilà ravi que tu puisses te chercher ! répond tonton Gaby. J'espère que tu vas vite te trouver, reprend-il en riant.

– Mais tonton, arrête de rire, je suis sérieuse ! reprend Missa en souriant.

– Bon, très bien, j'arrête de rire ! répond tonton Gaby. Missa, quand tu me dis que tu veux te chercher, concrètement tu cherches qui ou quoi au juste ? Et que veut dire chercher ?

– Nous en avons déjà parlé, mais j'aimerais déjà être en phase avec moi-même parce qu'en fait, bien souvent, je ne sais pas ce que je veux. Comme je ne sais pas ce que je veux, je souffle le froid et le chaud en même temps dans ma famille. Comme je ne sais pas ce que je veux, forcément, cela se reflète dans mon comportement. J'aimerais donc être en phase avec ce que je veux faire, assumer mes sentiments…

– Que veut dire « *assumer mes sentiments* » ? l'interrompt tonton Gaby.

– Heu, eh bien, je ne sais pas, répond Missa.

– Autrement dit, Missa, si je peux me permettre – et ne te vexe pas –, tu viens avec un tracteur chargé d'émotions et tu veux que je rentre là-dedans pour bricoler avec toi ?

– C'est un peu ça, oui ! répond la jeune fille.

– Eh bien, voilà, c'est déjà un bon début ! reprend tonton Gaby. Tu sais, Missa, pour pouvoir avancer sur le chemin que je vais appeler « le chemin de sagesse », « le chemin du bien-être », pour pouvoir avancer sur ce chemin, la première des qualités, c'est l'honnêteté. Il faut être honnête vis-à-vis de soi-même et on ne peut avancer qu'en étant honnête. Je te félicite pour l'honnêteté dont tu fais preuve en reconnaissant l'existence de ce tracteur d'émotions. Ce n'est pas péjoratif, ne le prends pas mal, mais toute personne normalement constituée a son semi-remorque d'émotions : tantôt c'est de la joie, tantôt de la tristesse, tantôt de la déception, ou de la colère… mais en mettant de la lumière là-dedans, on y voit plus clair. Les choses s'éclaircissent, le pourquoi du comment se précise, tout devient limpide et, comme tu le dis, on se sent en phase avec soi-même parce que tout s'est apaisé.

Tonton Gaby rappelle à Missa les moyens dont elle dispose dorénavant pour mettre de la lumière dans le semi-remorque et commencer à le libérer de sa charge. Ils continuent ensuite leur promenade campagnarde en appréciant pleinement leur environnement et en s'émerveillant de la beauté et de l'harmonie qui les entourent.

☼☼☼

Tonton Gaby regarde Missa avec énormément de bienveillance, de considération, d'amour et de patience, parce que toutes ces années de labeur, toutes ces années de travail et de persévérance lui ont permis d'être ce qu'il est devenu : une incarnation de la sagesse, de la gentillesse, de la bienveillance et de l'écoute. Quand il écoute, on a l'impression d'être entendu, que le problème a disparu parce qu'on se sent compris, parce que tout son corps, tout son être, toute son aura manifestent la bienveillance la sagesse et la gentillesse. C'est fort de ces qualités qu'il regarde Missa en se disant :

« *Je remercie l'univers de m'avoir envoyé ma petite nièce pour que je puisse à mon tour transmettre le flambeau et enseigner tout ce que je sais. Ce n'est pas que mes jours soient comptés… ou plutôt mes jours sont comptés parce que, dès lors que l'on arrive sur terre, dès lors que l'on est vivant, tout est compté, mais parce qu'il est utile de transmettre* ».

Tonton Gaby n'a jamais eu la prétention d'enseigner quoi que ce soit à qui que ce soit, mais il est arrivé à un moment de sa vie où il trouve qu'il serait dommage de ne pas partager ce savoir, cette sagesse et cette bienveillance qui nourrissent désormais sa vie et son quotidien. Malgré sa discrétion naturelle et son envie de ne pas se faire remarquer, il sent qu'il est désormais de son devoir d'enseigner la sagesse, la bienveillance, le bien-être. Alors, pourquoi ne pas commencer par sa petite nièce ? Ainsi, au lieu de la considérer comme une personne ayant besoin de lui, voit-il en elle une opportunité de transmettre à son tour ce qu'on lui a donné.

Il sait qu'il faut donner à son tour toute cette grâce dont il a fait son quotidien. Il sait qu'en la donnant à son tour, non seulement il ne se privera de rien, mais qu'il en abreuvera l'humanité entière qui en a soif. L'humanité est assoiffée de bien-être, d'équilibre, de sagesse, de bienveillance, parce que l'essence même de la nature et de l'être humain les réclame. C'est ainsi et il ne peut en être autrement ! Chaque personne qui est en vie ressent tôt ou tard ce besoin existentiel de chercher l'ouverture vers un intérieur, de chercher la source pour assouvir sa soif quand celle-ci se manifeste. Et rien de tel que la vie elle-même pour répondre à cette soif ! La vie est dans la nature, elle est dans les arbres, elle est dans l'énergie qui jaillit de la terre, elle est dans le ciel et dans les nuages, mais elle est aussi dans le cœur de chacun d'entre nous.

Ainsi, au lieu de se gonfler d'orgueil et de se dire « *Cette jeune fille a besoin de moi !* », tonton Gaby voit-il en elle une opportunité de transmettre. Il considère qu'enseigner tout ce qu'il sait est également une façon de rendre grâce à la vie. Au fond de lui, il remercie Missa pour toutes ces questions qu'elle lui pose, pour tous ces chamboulements émotionnels qu'elle vit, parce que telle est la vie de toute personne normalement constituée. Il la remercie de lui amener tout ceci et de l'aide qu'il peut lui apporter pour l'accompagner vers un bien-être, une croissance et une liberté certaines, une stabilité inexplicable. En voyant Missa dans ce paysage de nature à perte de vue, c'est un merci qui s'élève tout simplement :

« *Merci mère Nature, non seulement de m'avoir amené à ce que je suis devenu aujourd'hui, mais également de m'avoir envoyé cette jeune fille pour que je puisse à mon tour l'aider. La plus belle chose que je puisse faire pour moi, pour ma petite nièce et pour l'énergie qui est désormais en mouvement, c'est d'enseigner et de mettre de la lumière là où tant de choses se bousculent. Parce que ce besoin que Missa ressent est un besoin collectif qui concerne toute l'humanité. Je sais bien, mère Nature, que je ne vais pas changer le monde. Un jour, j'ai compris qu'avant de changer le monde, il fallait que je me change moi-même. Alors, je me suis mis au travail. Je ne dis pas que je suis très satisfait, car tant qu'on est vivant, il y a une marge de progrès, mais aujourd'hui, je pense pouvoir aider ma petite nièce. Avant de vouloir changer le monde, je me change moi-même. Avant de vouloir changer le monde, je regarde autour de moi et je réponds présent à ceux qui ont besoin autour de moi. C'est mon devoir ! C'est ma façon de voir les choses, mais cela devrait être, et cela ne saurait tarder, la façon de voir les choses de tout un chacun. Parce qu'avant de vouloir changer la terre, on doit commencer par se purifier soi-même ».*

☼

Lorsque Missa revient voir tonton Gaby, le lendemain, ce dernier lui propose de faire un point sur leur dernier échange afin de voir où elle en est.

– Alors Missa, tu disais que tu aimerais bien travailler sur toi et mettre de la lumière dans ton semi-remorque d'émotions ? rappelle-t-il avec un sourire.

– Oui ! répond-elle. En fait, heu, je ne saurais pas te dire ni quoi ni comment, mais effectivement, j'ai besoin de mettre de l'ordre dans tout ça parce qu'en fait, pour être honnête et sincère avec toi, la dernière fois, j'ai vu qu'en changeant de position, en changeant d'attitude, aussitôt l'attitude de ma mère ou de la dame de l'auberge avait également changé. Du coup, je me dis que, peut-être, je peux travailler sur moi pour changer mon attitude vis-à-vis de beaucoup de choses et… enfin, bref... Je te disais que j'ai l'impression que j'ai besoin de grandir. Quelque chose m'appelle de l'intérieur. J'ai besoin de me construire de l'intérieur, j'ai besoin de m'épanouir de l'intérieur. J'ai besoin d'être sûre des choses, j'ai besoin de ressentir la vérité des choses. Chaque fois que je fais quelque chose, je souhaiterais avoir ce sentiment d'être en phase avec la vérité du moment. C'est cela qui me pousse depuis l'intérieur et qui est noyé dans toutes ces émotions. Après, ça se manifeste tantôt par des colères, tantôt par des joies, tantôt par des rires, tantôt par des déceptions…

– Je vois ! reprit tonton Gaby. Je vois que tu as un trop-plein d'émotions, mais ce que je vois surtout, c'est cette vérité intérieure qui pousse et qui a besoin d'éclore. Je suis honoré de la confiance que tu m'accordes et je t'en remercie. Je te remercie de me donner la possibilité de t'enseigner ce que je peux. De là, je remets ma volonté, je remets mon savoir, je remets mon but à l'Univers pour que celui-ci t'apporte la solution juste, adéquate, parfaite par rapport à ta demande. Parce que quand on veut grandir de l'intérieur, quand cette vérité intérieure pousse et a besoin d'éclore, c'est l'univers qui répond. Et si, entre autres, l'univers m'utilise comme instrument, c'est la plus belle chose qui puisse m'arriver, Missa. Pour écouter l'univers, il faut faire le calme. Il s'agit d'un rituel que nous pouvons pratiquer tout de suite, si tu veux : apprendre à faire le calme, apprendre à faire taire ses pensées. Cet exercice peut être réalisé le matin et le soir. Dans un premier temps, ne t'inquiète pas si tu n'y arrives pas. Pour commencer, je te demande juste de faire des exercices de respiration deux fois par jour, une fois le matin et une fois le soir, ou bien une fois le matin et une fois vers quatorze heures. Il n'y a pas de règle arrêtée. Dis-toi que, dans l'univers, toutes les solutions existent et que ta solution émergera d'elle-même parce que ta solution, ta vérité y ont déjà leur place. Je t'invite donc tout simplement à faire l'exercice d'observer tes pensées deux fois par jour ! Pour observer tes pensées, il faut que tu te mettes dans le calme et que tu les regardes. Il ne s'agit pas de créer de nouvelles pensées pour faire taire les autres. Si tu essaies de les faire taire de cette façon, tu verras que, chaque fois, de nouvelles émergeront ce qui pourrait générer en toi une lutte qui t'éloignerait de ton objectif. Si tu prends conscience que tu as été entraînée par des pensées, reprends simplement la position d'observatrice. Le principe est de devenir le témoin de ses propres pensées. La position du témoin est naturellement dans le calme et le silence. Avec l'habitude de prendre cette position, les pensées s'élèveront de moins en moins jusqu'à ce que le silence s'établisse complètement. Peux-tu essayer de faire cet exercice pendant les trois jours à venir durant lesquels nous ne nous verrons pas parce qu'apparemment, vous avez prévu une excursion avec papa ? Pendant ces trois jours d'absence, je t'invite à faire cet exercice d'observation de tes pensées. Si tu peux arriver à te centrer sur la position d'observateur et arriver à des moments de silence, de calme ou de paix ce sera une très bonne chose. Si tu n'y arrives pas, je t'invite tout simplement à continuer d'observer. Peux-tu faire cela ?

– Oui, tonton, avec grand plaisir, je te remercie ! Bon, on peut aller faire une balade, maintenant ? On va se promener ?

– Allez, c'est parti !

Quelques jours après, tonton Gaby est de nouveau assis sur sa terrasse à observer au loin cette nature luxuriante. Fidèle à son habitude, il la regarde et se laisse emporter par cette énergie, cette symphonie parfaite de tous ceux qui participaient à la danse : la verdure, les arbres, les feuilles, les racines, les insectes, l'air, le soleil… À cet instant, il se place en tant que témoin et observe ce mouvement. Il sait qu'il pourra ensuite se laisser aller à cette énergie parce qu'il aura atteint l'état de grâce. En effet, l'état de grâce est un état de conscience, on peut même dire que c'est un état d'esprit, mais c'est aussi une énergie dont tout être vivant peut bénéficier. Avec de la pratique, il suffit de l'invoquer pour la ressentir. Cette énergie est si puissante, si présente et si physique qu'elle nous emporte immédiatement. On sent alors cette grâce, cette miséricorde et cette paix qui entrent dans le mental. Cette énergie peut ensuite se joindre à l'énergie de vie.

On parle souvent de « faire taire le mental ». Il est pourtant évident que, sans lui, nous serions au même niveau que les animaux. En tant qu'humains, nous sommes heureux d'en bénéficier, et il s'agit d'un outil extrêmement important en tant que résultat de l'évolution pour l'humanité et en tant que facteur de développement dans la société dans laquelle nous vivons. Cependant, le fait de taire le mental permet la venue de l'état de grâce. Ce mental peut ensuite être nourri et transformé par cette énergie, car elle est là, elle régit la nature, elle régit l'atmosphère, elle régit tous les mouvements en symphonie parfaite. Si nous devions justement utiliser notre mental pour analyser l'état de grâce, nous dirions instinctivement que nous ressentons un état d'ouverture, un état de bien-être et une de prise de recul. Et pourtant, en réalité, il s'agit bien d'une énergie ! Il suffit qu'on l'identifie, qu'on pense à lui et il met naturellement le calme et la paix dans le mental pour que la vérité du moment, la vérité par rapport à une situation donnée ou à une question posée, puisse émerger comme une évidence. L'état de grâce est dans le cœur, il est dans le corps, il est dans l'atmosphère, mais c'est surtout un mouvement, une énergie que l'on peut utiliser autant que nécessaire et aussi longtemps que nécessaire. Il faut apprendre à l'appeler. Pour cela, il faut éduquer son mental à travers des rituels. Le mental a besoin de raisonner parce que c'est sa façon d'être : il est toujours en action et il a des automatismes. Il faut donc l'apprivoiser, et les rituels sont un moyen de créer de nouveaux modes de fonctionnement, de nouvelles habitudes...

Voilà que Missa arrive au loin.

« *Que le temps a passé vite !* se dit tonton Gaby. *Déjà trois jours qu'elle est partie et je la vois à nouveau gambader, j'ai l'impression qu'elle est partie hier. Le temps est sacré ! Il faut l'utiliser à bon escient. Chaque seconde de vie est un miracle. Les secondes défilent très vite et, d'ailleurs, plus on avance en âge, plus on a l'impression que le temps avance vite. Il est donc important de l'utiliser à bon escient et il faut rendre grâce. Il faut remercier mère Nature et il faut remercier son corps. Il faut être reconnaissant envers la vie parce qu'elle nous porte, parce qu'elle est une énergie et parce qu'elle est également une conscience. Il faut lui rendre grâce en étant reconnaissant, parce que si on ne lui est pas reconnaissant, on ne se laisse pas porter par son énergie. Oui, on est vivant, mais on survit ! Il ne faut pas croire que la vie soit responsable de nos petits ou de nos grands malheurs. La vie est, tout simplement. Si on s'accroche à elle, qu'on lui est reconnaissant et qu'on se laisse emporter par son mouvement, le fruit de la vie est la joie et la jouissance de ce temps qui nous est donné. Mais si l'on se plaint, si l'on ne se responsabilise pas, si l'on dit que la vie est fautive et qu'elle est dure suite à toutes ces expériences qui peuvent certes être parfois difficiles, on subit la vie au lieu d'en ressortir grandi. Subir la vie, c'est survivre et être malheureux. C'est simple, la vie est une énergie et, sur notre chemin, un certain nombre d'expériences se présentent à nous. Si nous les traversons en cherchant la paix et en restant reconnaissants envers elle, nous pouvons en ressortir grandis. Certaines épreuves peuvent être parfois très difficiles. Elles sont là parce qu'il n'y a pas d'évolution sans épreuves. Ce qui est difficile, c'est le ressenti, ce qui reste de l'épreuve. On peut en ressortir grandi, libéré ou on peut se briser les ailes et survivre. Par conséquent, malgré les épreuves et a fortiori quand tout va bien, il faut rendre grâce à la vie, car elle est un miracle ; le temps est compté et il passe très vite…* »

– Alors, te voilà, Missa, déjà de retour parmi nous ! Je suis ravi ! Cela fait déjà trois jours que tu es partie ?
– Oui, tonton, je suis partie depuis trois jours et, en fait, j'en ai profité, j'ai un peu pratiqué… Tu sais, l'état de grâce dont tu m'as parlé, et bien j'ai essayé de le pratiquer avec mon père, mon frère, et tous les gens que j'ai croisés. Eh bien, figure-toi que j'étais dans la paix. Je ne me suis pas… Comment dire ? Je n'ai pas réagi comme une personne égoïste en disant : « *Moi, je veux ceci, moi je veux cela* ». Je me suis simplement ouverte au groupe parce qu'il y avait plusieurs personnes dans cette excursion. Je me suis ouverte au groupe et je me suis dit que, quoi qui se passe, il fallait que je reste dans le calme. Je me suis aussi rendu compte que je me suis laissé emporter par cette énergie du groupe qui avait envie de vivre de bons moments durant cette excursion. Il me semble que j'étais dans l'état de grâce vis-à-vis de mon père, de ma mère et de mon frère. J'ai été reconnaissante envers eux en me disant que, même si n'était pas mon but à moi, même si ce n'était pas mon « kif », comme diraient mes copines, ils pensaient bien faire pour moi. J'ai donc choisi de ne retenir que cela. Être dans cette attitude nous a beaucoup rapprochés. Nous avons passé un bon moment et puis j'ai oublié les « moi je ». Tu m'avais aussi demandé d'observer mes pensées et je l'ai fait, à certains moments. Premièrement, j'ai constaté qu'en réalité, je suis toujours en train de penser à quelque chose. J'ai beau ramener mes pensées, elles s'évadent. Plus je les ramène, plus elles s'évadent… Et ainsi de suite, à répétition. Non-stop. Je ne suis pas arrivée à rétablir le calme alors que, lorsque je suis partie d'ici, je me suis dit que cela devait être facile. Ben non, ce n'est pas du tout facile, pas du tout !

Alors comme mes pensées n'arrêtaient pas et que je n'avais pas le contrôle sur elles, je me suis dit que j'allais choisir des thèmes, que ce serait peut-être plus facile pour moi. J'ai choisi des thèmes en me disant que, quoi que me dise ma mère, eh bien j'allais rester dans la joie et l'amour. Je n'ai pas pu calmer mes pensées, mais je les ai orientées. Quoi que disent certaines personnes, j'allais répondre par une gentillesse et, en fait, sans m'en rendre compte, je me suis autoprogrammée à être gentille. Quand on fait un périple de trois jours, ben, forcément on ne peut pas s'entendre avec tout le monde en permanence, alors j'ai décidé de m'ouvrir aux autres et de les reconsidérer dans l'état de grâce, avec bienveillance au lieu de subir des agacements et de répondre par des agacements. Pour les choses auxquelles je n'ai pas pu répondre, ou pour lesquelles je sentais venir un agacement, je me suis dit : « *OK, ça je n'y réponds pas, je répondrai plus tard* ». Je les ai mises de côté…

– Je suis content, Missa, de voir que tu as suivi à la lettre mes recommandations, enchaîne tonton Gaby. Je suis ravi ! Que tu y arrives ou que tu n'y arrives pas, le plus important, c'est de se mettre en route. On y arrive très rarement du premier coup et il ne faut pas s'attacher au nombre de tentatives. Je sais bien que ce que je dis ne te semble pas toujours cohérent, mais c'est réellement cela. Ce n'est pas parce qu'on essaie souvent et qu'on fait des efforts importants qu'on y arrive rapidement. Il n'y a pas de règle. Certains vont y parvenir au bout de quelques séances, d'autres mettront tout une vie. Mais que veut dire « arriver » ? Cela ne veut rien dire parce que le plus important, c'est ce que l'on vit sur le chemin. C'est sur le chemin que l'on grandit, c'est sur le chemin que l'on apprend, c'est sur le chemin que l'on a des prises de conscience. Arriver ? Où au juste ? Ah, je suis énigmatique, aujourd'hui ! Ce que je veux te dire, c'est que l'arrivée dépend de

chaque personne et que le plus important, c'est de se mettre en route. Sans cela, sans une prise de conscience de ses habitudes, de ses automatismes et de sa façon de fonctionner, le fait de cultiver l'amour, le bien-être et la sérénité n'est tout simplement pas possible. Tu as déjà fait un point et constaté que l'argent, la réussite sociale et la réalisation des buts matériels ne font pas forcément le bonheur, nous en avons déjà parlé. Mais alors, qu'est-ce que le bonheur pour toi ? Je vais le dire comme cela, mais si je me trompe tu pourras me dire « *tonton, tu t'es trompé* ». Il me semble que ton bonheur, aujourd'hui, Missa – je ne suis pas dans ta tête, c'est pour cela que je dis « *il me semble* » –, j'ai l'impression que c'est cette harmonie que tu as su créer avec ta maman, ton père et ton frère. Est-ce bien cela ?
Missa opine de la tête.

– Très bien ! poursuit tonton Gaby. Donc, ton bonheur, aujourd'hui, c'est ça, mais tu peux lui greffer de nombreux autres critères. Par exemple, ton bonheur, ce pourrait être aussi de te préparer à réussir ta vie professionnelle. Mais si tu réussis ta vie professionnelle sans bénéficier d'un état intérieur stable, émotionnellement parlant, d'un état intérieur serein, détaché, tu ne seras pas assouvie. Tu chercheras encore et encore parce qu'en fait, qu'elles en aient conscience ou pas, cent pour cent, je dis bien cent pour cent des personnes cherchent en réalité la stabilité et la paix intérieure, la stabilité émotionnelle et un certain recul par rapport aux choses. Et elles croient qu'elles les obtiendront en poursuivant uniquement des buts extérieurs. Je ne suis pas grand-chose au milieu de cette humanité. Si je t'apporte quelque chose aujourd'hui, Missa, c'est déjà un miracle, mais, dans ma petitesse et dans mon ignorance de vieux campagnard, j'ai envie de dire que l'humanité entière doit reconsidérer ses priorités. On doit apprendre aux enfants que la stabilité émotionnelle, la stabilité intérieure, doit être une priorité avant la réussite sociale. La réussite matérielle et sociale peut en découler, ou pas. Mais si l'on n'a pas la stabilité intérieure et si l'on ne s'est pas « conclu » intérieurement parlant, ce que l'on va conclure à l'extérieur peut s'effondrer comme un château de cartes. Tu comprends ce que je veux dire ? En l'occurrence, l'harmonie que tu vis aujourd'hui avec tes parents t'apporte une stabilité intérieure. Cette stabilité intérieure appartient à un être intérieur qui est en toi, que tu as commencé à ressentir et qui va grandir pour constituer une base dans laquelle ta conscience se placera de plus en plus. Il va grandir puis émerger pour entrer en interaction et en cohésion avec le monde extérieur. Sans cette stabilité, la construction faite à l'extérieur est comme un château de cartes : elle peut s'effondrer au moindre petit coup de vent. Tu comprends ce que je veux dire ? demanda tonton Gaby après un léger silence.

Missa reste calme, le regard fixe, les sourcils froncés semblant réfléchir pour saisir pleinement le sens de tout cet échange. La voyant ainsi, tonton Gaby ajoute :

– Je comprends que tu sois un peu confuse, mais nous allons reprendre. Tu as donc essayé de rétablir le calme dans tes pensées et tu n'y as pas réussi ? Non ! Tu as donc essayé de diriger ta pensée, d'être à l'œuvre de ta pensée pour être, comme diraient certains, dans la « positive attitude » ? Oui ! Je t'en félicite et cela a déjà porté ses fruits ! Mais l'exercice n'est pas terminé pour autant. Il faut recommencer. Il faut sans cesse recommencer ! Si tu n'y arrives pas, ce n'est pas grave, il faut recommencer. Si tu veux, je peux t'accompagner comme cela sur plusieurs semaines, ou plusieurs mois…

Devant l'expression interrogative de Missa, il ajoute en souriant :

– Je plaisante, Missa, je sais que l'été touche à sa fin, mais si tu as besoin de moi, je peux venir en ville ! Qu'est-ce qui m'en empêcherait ? As-tu l'impression que mon bonheur et ma stabilité sont dans cette nature et dans cette campagne ? C'est vrai, mais cette campagne et cette stabilité dont tu parles sont en mère Nature dont je fais partie et dont la ville aussi fait partie. Cette unité éclaircit ma pensée et redynamise mon énergie. C'est une source sans fin à laquelle j'accède chaque fois que j'en ressens le besoin. Par conséquent, tout est possible… J'en étais donc au fait que tu n'avais pas réussi à calmer tes pensées. Il va donc falloir continuer de les observer. Tu pourras ensuite, si besoin, recommencer à les diriger vers quelque chose de positif. Il faudra ensuite chercher à ressentir l'état de grâce ! Rappelle-toi ce qu'est l'état de grâce : c'est une énergie. Nous avons vu qu'il était possible de l'imaginer, mais tu sais que cette énergie est réelle et qu'elle fait partie de la nature. Elle se trouve dans les arbres, dans les fleurs, dans les nuages et dans ce soleil qui nous réchauffe la peau.

Après un court silence, il ajoute :

– L'énergie de mère Nature est dans tout ce qui est vivant et elle se trouve également dans l'atmosphère !

Il rapproche légèrement une main de son visage, les doigts écartés tout en l'observant. Il parle lentement :

– Elle est là ! Elle est autour de ma main, elle est sous ma main, elle est au-dessus de ma main. Si tu mets ta main comme ceci – il prend la paume d'une main de Missa et la place au-dessus de la sienne –, tu vas ressentir cette énergie. Et si tu te mets à bien observer cette main, tu pourras peut-être la voir, car ma main aussi est énergie. Elle fait partie de cette perfection qui nous entoure, mais il n'y a pas que ma main qui fait partie de ce mouvement parfait. Tout mon corps, ma pensée et mes paroles traduisent cette d'énergie.

Missa lui explique ressentir comme une vibration au-dessus de la main de tonton Gaby et s'en étonne. Tonton Gaby sourit et lui dit :
– Demain, quand tu referas tes exercices, une fois que tu auras observé tes pensées puis ressenti un certain calme ou une certaine paix, je t'invite à diriger tes pensées, comme tu l'as déjà fait, en pensant à l'état de grâce. Si tu le peux, visualise-le comme une énergie. Voici donc le programme !
– Je te remercie, tonton. Je t'aime beaucoup, j'ai beaucoup de chance de t'avoir, dit Missa au moment de s'en aller.
– Tu sais, Missa, répond-il, rien n'arrive par hasard et, entre toi et moi, je ne sais pas qui a le plus de chance. Pour ma part, je pense avoir beaucoup de chance d'être face à une enfant humble, qui m'écoute et qui a soif d'apprendre. Ce sont de merveilleuses qualités et je suis honoré de ta confiance.

Missa rentre chez elle convaincue de la vérité de tout ce qu'a dit tonton Gaby. Elle ne sait expliquer pourquoi ni comment, mais elle est convaincue de la vérité de ses propos. Elle perçoit une force intérieure, une vérité intérieure... Est-ce la stabilité intérieure de cet être intérieur dont a parlé tonton Gaby ? Elle ne sait l'expliquer, mais c'est comme être en phase avec quelque chose de tellement puissant, de tellement fort, que ça la rend heureuse, joyeuse. La jeune fille est pleine d'énergie et sait enfin quelle direction prendre dans ce monde qui paraît gigantesque pour une jeune fille de quatorze ans. Elle sait que, si elle se réfère à cette voix intérieure, à ce sentiment d'être en phase, tout ce qu'elle fera sera en ligne avec la vérité du moment. Cela signifie être en phase avec les choses à vivre, les expériences à traverser, les épreuves à dépasser et avoir une vision sereine, sage, posée, sans jugement. C'est ce que l'on peut traduire par de l'acceptation. « *Quoi qu'il arrive, je l'accepte : le but, c'est d'avancer* ». Du haut de ses quatorze ans, Missa est à présent convaincue que tout un monde est à construire dans cette vie dont elle fait partie, et elle sait désormais que tout dépend d'elle. Elle est convaincue que tout est possible parce que lorsqu'elle arrive brièvement à faire taire son mental, elle perçoit une petite voix intérieure qui le lui dit comme un chuchotement.

Alors qu'elle a ce sentiment agréable d'être maîtresse de sa vie, elle croise sa mère, son père et son petit frère et décide de profiter de ce moment simple, de ce moment de joie familiale, de ce moment de partage. Habituellement, elle n'aime pas du tout jouer au ballon, encore moins courir après son petit frère qui frappe dans ce ballon avec joie, mais elle sait que donner du temps aux gens que l'on aime, aux personnes que l'on aime, c'est récolter de l'amour. Elle sait que considérer son frère, son père et sa mère en acceptant leurs jeux et ce partage tout simple, voire banal aux yeux de certains, c'est récolter l'amour, créer des liens avec les gens qu'elle aime. Elle sait aussi que ces liens basés sur l'amour donnent des fondations très solides pour se construire. Parce qu'à l'âge de quatorze ans, on se construit ! Et s'il existe dans l'univers cet amour infini, que l'on ne peut expliquer, entre une mère et ses enfants, entre un père et ses enfants ou entre les enfants et leurs parents, c'est que l'essence même de la vie est amour. En d'autres temps, Missa se serait dit : « *Ah, je vais perdre mon temps à jouer à ce ballon ridicule. Ai-je besoin de jouer à des jeux que je n'aime pas ?* » Mais à présent, au lieu de rester sur ce jugement, elle regarde au-delà de cette simplicité, au-delà de cette image et, derrière ce jeu, voit toute la profondeur du lien qui les unit. L'amour est une force, l'amour est un pouvoir ! C'est un pouvoir qui installe l'enfant dans sa vie. C'est un pouvoir de construction. Les enfants qui naissent ont besoin d'amour pour se construire sur des bases solides, certaines, sereines.

Elle donne donc le temps qu'il faut et, quand le jeu est terminé, elle se dirige vers sa chambre en disant à sa mère qu'elle va se doucher et se reposer avant le dîner. Elle s'enferme dans sa chambre, s'installe dans une position confortable, assise, et commence à observer ses pensées. Ce jour-là, les choses ont été compliquées. Elle essaie de les faire taire en les observant puis en les orientant vers du positif, mais rien n'y fait. Elles n'arrêtent pas de vagabonder. Tellement de choses passent dans sa tête. Malgré elle, Missa continue de vouloir juger les moments, les ressentis… Comme elle n'arrive pas à apaiser ses pensées qui partent dans tous les sens, elle se souvient des paroles de tonton Gaby et décide tout simplement de ressentir cet amour qu'elle a pour sa famille et de le visualiser comme une énergie : de penser à l'amour et de diriger sa pensée. Ayant dirigé sa pensée vers l'amour qu'elle a pour ses parents et son frère, elle ressent de la joie dans son cœur et du bien-être. En effet, l'amour a ce pouvoir : il est créateur de joie, de paix, de satisfaction et de compréhension. Quand l'amour est présent, on se sent compris, on se sent en phase parce que ressentir l'amour c'est être en phase. Elle dirige donc sa pensée vers l'amour, cet amour qu'elle connaît. Il n'est pas nécessaire d'aller chercher un amour lointain ou imaginaire, un amour fantasme, ou un amour lu dans les livres ou vu dans des films, car cela est un amour créé. Il faut partir d'un amour que l'on connaît et qu'on ressent. Comme Missa l'a pratiqué avec tonton Gaby, l'amour doit ensuite être ressenti dans son cœur, il doit vibrer. Il est pur. On a envie de le donner, mais sans attendre un retour. C'est cela la pureté de l'amour, c'est cela qu'il faut aller chercher ! Quand on dirige sa pensée et qu'on le tient, on se rend compte qu'il est pouvoir parce qu'il apporte une satisfaction immédiate. Il est énergie parce que le monde est régi par l'amour.

Lorsqu'au début, on dirige sa pensée vers cet amour-là et qu'on l'a saisi, on le garde dans sa tête et on essaie de le ressentir comme une énergie. Il ne s'agit pas de penser l'amour, mais de vivre l'amour. On se rend compte alors qu'il est apaisant, qu'il donne de la satisfaction, de l'apaisement et de la compréhension. Ayant ressenti cette énergie, on essaie d'imaginer que cet amour descend pour occuper son cœur… On ressent ensuite l'énergie dans son corps parce que le corps est aussi énergie. On ressent l'énergie à la fois dans le corps et dans le cœur, comme une union entre l'amour de son cœur et l'énergie de son corps. On le vit, et on en profite. Les premiers temps, on peut perdre le fil et il faut se reconcentrer, il faut faire l'effort de recommencer. Puis, avec de l'exercice et de la persévérance, on y arrive ! Plus on recommence, plus on y arrive facilement. C'est comme faire du vélo, il n'y a pas de secret : la première fois c'est difficile, la deuxième fois c'est encore difficile, la troisième fois, c'est moins difficile, la quatrième c'est encore moins difficile et à la cinquantième fois, c'est facile. Il faut donc juste recommencer l'exercice.

Grâce à tonton Gaby, grâce à l'Univers qui l'accueille et qui lui donne, Missa a désormais compris qu'elle peut être l'auteure de son quotidien, l'auteure de sa vie et, pourquoi pas, l'auteure de sa destinée. Elle sait désormais que son bonheur peut ne dépendre que d'elle, que des efforts qu'elle-même peut fournir et du travail qu'elle peut faire sur elle-même. Elle a compris que la seule et unique voie de réussite réside son élargissement de conscience.

Mais qu'entend-on par l'expression « élargissement de conscience » ? Elle semble tellement riche de sens qu'il est sans doute important d'en donner une définition. Cette expression, souvent utilisée aujourd'hui, est associée à toutes sortes d'attributs comme l'intelligence, la capacité de recul ou d'analyse, une vision large des choses, des situations ou des objectifs… Mais en réalité, dans l'absolu, l'élargissement de conscience est tout simplement le point zéro, le point zéro de l'activité mentale et du savoir mental, le lâcher-prise parfait. C'est-à-dire que face à une situation donnée, face à une problématique, face à des choix qui peuvent se présenter, face aux causes et aux effets, il s'agit d'être au point où tout est possible, où l'univers est prêt à offrir toutes les possibilités. Le lâcher-prise parfait c'est le « ici et maintenant », en faisant taire sa pensée, en n'ayant peur ni des causes ni des conséquences. C'est être dans la perception des événements en étant détaché des pensées et des émotions : libre de toute interprétation et de tout jugement. C'est donc tout simplement faire taire son mental et laisser venir la vérité du moment dont la source est hors du mental, hors du niveau de conscience habituel.

Missa est donc convaincue qu'elle est à l'œuvre de sa vie, qu'elle est au volant de sa vie. Elle sait que tout dépend d'elle, de l'effort qu'elle fournit. Elle a aussi compris que si on s'en donne la peine, la réussite arrive inévitablement. Se donner la peine, c'est faire l'effort de se remettre en question, de tout poser à tout moment, de regarder une situation avec une vision plus large et se remettre ensuite au point zéro. Faire cet effort aura pour effet que toutes les décisions seront orientées vers la direction appropriée. Missa a pris conscience de cela. Les choses ne se font pas d'elles-mêmes parce que le mental humain est programmé pour tout programmer ! Il est fait de sorte que tout soit cloisonné. Par ailleurs, il est bien connu, dans les disciplines psychologiques, que nous avons tous des filtres liés aux limites de ce que nos sens nous permettent de percevoir, ou bien à notre vécu, à notre éducation ou à notre environnement. Toutes les informations que l'environnement nous donne sont traitées en fonction de nos filtres. Nous sommes convaincus d'apporter de bonnes réponses aux sollicitations, mais en réalité, ce sont nos filtres qui orientent nos perceptions et nos réactions. Nous n'avons donc pas toujours les réponses les plus appropriées, car les filtres influencent et biaisent notre perception, nos interprétations, nos jugements, nos décisions et nos réactions.

Pour Missa, se mettre au travail signifie effectuer un travail de remise en question. Cela veut donc dire être vigilante tous les jours, prendre du temps pour ce que l'on pourrait appeler la méditation, l'exercice respiratoire, le lâcher-prise, en vue de laisser le champ libre à la plénitude d'être là. Il faut prendre le temps de la réflexion – ou plutôt de la non-réflexion – pour s'habituer à laisser venir la vérité du moment. En effet, celle-ci ne peut survenir que lorsque l'on est au point zéro. Missa se remémore la signification du point zéro comme étant le « ici et maintenant » où l'on puise toutes les informations qui viennent et où on les regarde simplement. Où l'on n'a peur ni des conséquences, ni des causes, ni du déroulement, ni des moyens. Il n'y a ni peur, ni crainte, ni projection, ni désir, ni satisfaction, ni rien… C'est le point où tout est possible. La pensée et ses filtres s'arrêtent et la vérité du moment peut alors émerger de son être intérieur. Elle vient d'elle-même, comme une évidence, sans qu'on sache pourquoi. Quand elle vient, on la reconnaît. Tous les signaux intérieurs s'allument pour dire « c'est ça ». Je ne sais pas de quoi demain sera fait, mais, pour l'instant c'est ça !

En regardant au plus profond de son cœur, en essayant de ressentir l'amour qu'il y a dans son cœur, Missa sait – elle en est convaincue – que tout ira pour le mieux. Peu importent les épreuves qu'elle traversera, peu importent les choses qui l'attendent ! Si elle sait écouter son cœur, si elle sait reconnaître la vérité du moment, elle sait que l'évolution se fera forcément vers la joie. En effet, l'univers entend l'amour qu'on a dans son cœur et il y répond parce qu'on fait partie de son mouvement global. Il aspire à la réalisation de ce qu'on a dans son cœur.

Il est vrai, cependant, que nous traversons des épreuves. Si elles ne sont ni comprises ni dépassées, elles peuvent revenir parce que leur but est de nous amener à être en phase avec l'amour et l'harmonie présents dans notre cœur. Leur but est de nous amener à être en phase avec cette force, cette énergie extraordinaire, merveilleuse, divine, naturelle, essence même de la vie, qu'est l'amour. Il est une parcelle de vérité présente dans son cœur, mais il est aussi énergie, et l'énergie est mouvement, le mouvement est action, l'action est joie, la joie est satisfaction, la satisfaction est bonheur et le bonheur est amour.

En écoutant son cœur, non seulement Missa est en phase avec sa vérité intérieure, mais, sans savoir pourquoi, elle se sent heureuse. Elle est convaincue qu'elle est née pour être heureuse, mais elle sait que cette conviction s'accompagne forcément de travail et de remise en question. Cela ne se fait pas tout seul ! Il faut également de la persévérance, de la passion, du temps, de la volonté, et cela, personne ne peut le donner à sa place. Mais si tous les ingrédients sont réunis, si tous ces éléments sont présents, il n'y a aucun doute, il ne peut y avoir que de la réussite. Le moyen de réussite est propre à chacun, mais la joie, le bonheur et la satisfaction sont communs à tous. Chaque personne, chaque être humain, petit ou grand, peut se mettre au travail pour avancer, pour grandir, pour élargir sa conscience et vivre une vie paisible, une vie avec des convictions, une vie avec du travail, avec de la persévérance et avec un but. Le but est l'union avec son être intérieur, son amour intérieur. De cette union naît la joie.

☼

– Bonjour, tonton ! Je suis contente de venir te voir ! Est-ce que je peux passer la journée avec toi ? questionne Missa en arrivant de bon matin chez tonton Gaby.
– Eh, tu es bien matinale, aujourd'hui ! répond tonton Gaby. Je ne sais pas ! As-tu demandé à tes parents ?
– Oui, maman et papa ont décidé de faire une randonnée. C'est vrai que la randonnée m'aurait fait plaisir, mais comme je me suis rendu compte de toute la charge de travail… Non, comme je me suis rendu compte que tu es une source inépuisable, je veux profiter de l'occasion pour passer du temps avec toi.
– Voilà un compliment qui me va droit au cœur ! répond tonton Gaby en riant. Cela me fait plaisir. Que veux-tu que nous fassions, aujourd'hui, Missa ?
– Ben, pour la première fois que je peux passer plus de temps avec toi, je veux lire les livres que tu lis, je veux faire ce que tu fais, je veux manger le repas que tu manges, je veux t'imiter quoi… !
– Tu veux m'imiter ? Mais quel en est l'intérêt ?
– J'ai l'impression qu'en t'imitant, je pourrai arriver à mieux comprendre les choses et à devenir comme toi.
– Oui, Missa, tu peux m'imiter si tu veux, imiter ma façon de manger, ma façon de marcher et même ma façon de passer mes journées, mais je ne pense pas que cela soit forcément révolutionnaire pour toi et que cela t'apporte grand-chose. En revanche, comment je travaille, comment je me positionne intérieurement, cela, nous pouvons en parler, mais tu n'auras pas besoin de m'imiter. Cela te convient-il ?
– Oui, c'est ça. Je veux passer du temps avec toi pour profiter parce que, vu notre départ imminent, j'ai l'impression que le

temps est compté. J'ai l'impression que tous les jours que je ne passe pas dans mon… heu, comment dire… dans cette croissance intérieure… – voilà, c'est ça –, eh bien, c'est du temps perdu. Je me suis rendu compte qu'avant de venir ici et de te rencontrer, toutes ces questions existentielles du pourquoi et du comment n'existaient pas. C'est comme si j'avais eu le nez sur le guidon et que j'avais fonctionné en mode automatique : il y a ceci, alors je fais cela. On m'a dit ceci, alors je suis malheureuse. Il se passe cela, alors je suis triste ou bien contente et ainsi de suite. Cause à effet, cause à effet, etc. Mais depuis que je suis là, avec toi, j'ai l'impression qu'intérieurement je me positionne différemment, que j'ai déjà beaucoup appris, mais que j'ai encore tout à apprendre. J'ai l'impression qu'un monde s'est ouvert en moi et j'ai envie de l'explorer tous les jours. Je veux utiliser le temps qui reste à bon escient et faire en sorte qu'il me soit bénéfique. Mais d'un autre côté, je ne veux pas trop te déranger dans ton quotidien. Je suis peut-être un peu égoïste, un peu envahissante. Je te demande pardon si c'est le cas. Je me rends compte, maintenant, je t'ai peut-être un peu envahi.

– Tu ne m'envahis pas, Missa, je t'ai déjà dit que cela me faisait plaisir de t'accompagner. Bien ! Il fait chaud, est-ce qu'on peut s'installer sur la terrasse et prendre à boire ?

– Allez, c'est parti !

Missa demande un verre d'eau pétillante et tonton Gaby se sert la même chose.

– Alors, de quoi veux-tu que nous parlions, Missa ?

– Ben, en fait, je me suis mise au travail. J'ai essayé de pratiquer un peu tout ce que tu m'as conseillé. Actuellement, j'essaie plusieurs fois dans la journée de m'arrêter pour ressentir l'état de grâce, pour vivre dans l'état de grâce, ressentir l'énergie de l'état de grâce. Je fais cet exercice au quotidien et… voilà…

– Et au-delà de l'état de grâce, que fais-tu d'autre ?

– Ben, c'est tout pour le moment !

– Bien ! Je pense, Missa, qu'il va simplement falloir continuer encore et encore de travailler sur l'état de grâce. Il est énergie, il est pouvoir, et on ne peut pas l'obtenir parce qu'on y a pensé deux ou trois fois. Il faut de la persévérance pour l'être et le manifester. Puisque tu passes la journée avec moi, nous allons nous mettre tous les deux dans cette énergie et essayer de la conserver le plus longtemps possible tout en nous occupant. Es-tu d'accord ?

– Bien sûr, tonton ! répond Missa avec enthousiasme. Il ne pourrait rien m'arriver de mieux !

Suite à ses échanges avec tonton Gaby, Missa comprend qu'elle doit désormais grandir, qu'elle doit entamer sa propre transformation. Celle-ci sera basée sur la vérité, la vérité du moment, la vérité du ressenti, la vérité dans tout ce qu'elle entreprend. Il s'agit d'être en phase avec le mouvement de la journée, de la semaine, du mois, de l'année parce que chaque moment a sa propre vérité, chaque moment apporte une leçon, et que l'on ne peut dépasser les épreuves qu'en ayant compris les leçons. Elle n'a pas l'ambition de changer le monde, mais elle est convaincue qu'elle fait partie d'un mouvement global de changement nécessaire et que, pour cela, rien de tel que de se changer soi-même. Dans sa situation actuelle, Missa ressemble à des millions de personnes de son âge. Elle éprouve les mêmes difficultés, les mêmes joies, les mêmes tristesses, les mêmes attentes, les mêmes rêves. C'est une jeune fille tout à fait ordinaire. Mais c'est dans l'ordinaire que l'extraordinaire peut surgir et, pour que l'extraordinaire vienne, il faut un changement, une ouverture, une remise en question de soi et pas du monde. Et ce mouvement de changement, ce mouvement d'aspiration vers un monde meilleur, ce mouvement d'aspiration vers une lumière, une paix et une joie sereine, ne peut venir que de cette remise en question, de cette acceptation que les choses soient ce qu'elles sont, de ce détachement et de ce lâcher-prise.

Missa sait qu'elle fait partie de ce mouvement global que la terre attend, que l'humain attend. L'humanité arrive à l'aube d'un nouveau monde. Si l'on regarde l'histoire, on constate que l'argent, comme la réussite, ne font pas le bonheur. On a beau considérer toutes les époques, rien ne fait le bonheur excepté une reconnexion certaine avec sa stabilité et sa vérité intérieure, une reconnexion forte et certaine avec ce qu'on a de plus pur et de plus vrai. C'est ce mouvement de retour vers l'intérieur qui donne la marche à suivre, les leçons à apprendre et le lâcher-prise à avoir. Il s'agit de faire taire sa pensée, vivre le « ici et maintenant », faire de son mieux : ne pas renoncer au monde matériel qui est le monde d'aujourd'hui, mais l'accompagner avec sérénité, certitude, confiance, persévérance et joie.

Missa sait que le monde sera bienveillant si elle-même est bienveillante, que le monde sera ignorant si elle-même est ignorante, que le monde sera amour si elle-même est amour parce qu'elle porte en elle toute l'humanité. Mais chaque personne vivante, consciente d'elle-même et des autres est aussi responsable que Missa. Tout le monde est responsable ! On ne peut pas attendre de la bienveillance des autres si on ne l'a pas soi-même donnée. On ne peut pas attendre de la tolérance des autres si on ne sait pas la donner. On ne peut pas attendre l'amour de l'autre si, dans son cœur, il n'y a pas cet amour infini, inexplicable, inépuisable. C'est une évidence, parce qu'il est énergie et parce que le bonheur ne peut que passer par là. Missa en prend conscience, mais des milliers d'autres personnes en ont pris conscience ou vont en prendre conscience, parce qu'il est temps, désormais, que les choses évoluent ! Il est temps, désormais, que l'on revienne à la source ! Il est temps, désormais, de se reconnecter à son être intérieur, à sa vérité intérieure, à cette vérité inexplicable qui est en nous, qui nous entoure et que l'on ne saurait décrire avec des mots. Ceux-ci seraient trop faibles pour décrire ce miracle de vie dont nous faisons partie et qui nous porte, ce miracle de vie qui existe en toutes choses, en tous corps, que ce soient les animaux, les plantes, l'air, ou le petit corps de Missa.

Tout est un, une parfaite symphonie, une danse merveilleuse, la danse de la vie. Elle est dans le cœur de Missa, elle est dans le cœur de toute personne et elle se trouve également dans chaque être vivant. Lorsque l'on se laisse aller à cette symphonie et à cette danse parfaite, on ressent l'amour, la joie, la satisfaction, l'altruisme et la bienveillance. Et cette énergie est une énergie créatrice, une énergie d'amour, de réalisation. Elle peut même être une énergie de réalisation matérielle, artistique ou financière, parce que la joie de la réalisation se trouve dans tous les projets. Il suffit de se laisser porter par ce mouvement. Dans un premier temps, il s'agit de ressentir la vie, l'énergie de vie et, dans un second temps, de se laisser emporter. On la voit alors à l'œuvre partout où le regard se pose et nous sommes à l'œuvre à travers elle. Tout devient possible parce que tout est amour et tout est joie ! Nous n'avons jamais été coupés d'elle, nous avons juste oublié, nous en avons juste perdu conscience. Mais si l'on s'arrête juste quelques secondes pour une reconnexion, une prise de conscience, on réalise que la vie est un miracle et qu'elle porte en elle toutes les possibilités de réalisation, parce que tout est mouvement, tout est énergie et parce que la vie est pouvoir.

Comme à son habitude, tonton Gaby s'est levé tôt ce matin-là. Il a pris son petit déjeuner et a fait quelques exercices d'étirement et de respiration pour remettre, comme il le dit, « la bécane en route ». Ensuite, il s'est installé sur sa terrasse et, comme à son habitude, a commencé ses exercices de méditation, de contemplation et de fascination devant ce paysage de campagne à perte de vue et toutes les merveilles que la nature offre à son regard : ces couleurs, ces formes, comme si le « tout » n'était qu'« un », et, qu'en même temps le « un » était l'infini de petites choses. Dans cet infini de petites choses, tonton Gaby contemple cette perfection, cette symphonie et cette danse parfaite où chaque espèce dépend d'une ou plusieurs autres, où chaque espèce est complémentaire d'une autre, où tout est lié dans un mouvement parfait.

Comme d'habitude, dans un premier temps, il observe avec ses yeux, puis avec son esprit puis, en se concentrant, parce que lui-même est énergie, parce que son corps est énergie, il ressent l'énergie de son corps. Il calme ses pensées, visualise l'énergie de calme et de paix dans sa tête, puis il descend tranquillement dans son cœur pour ressentir l'amour universel. La même énergie va ensuite jusqu'à ses orteils avant de remonter. Ayant ainsi visualisé que tout son corps est énergie, il se lie tout simplement à cette perfection que la nature révèle en lui parce que tout est énergie : l'air que l'on respire, le soleil, le vent, cette plaine, les arbres, l'herbe, toutes les plantes, les abeilles, les moustiques, les serpents, les coccinelles, les sauterelles, les fourmis… Tout cet écosystème fait partie de ce mouvement qui est la perfection de la vie, de la nature.

Tonton Gaby se laisse aller à ce mouvement comme s'il n'en avait jamais été coupé, car, en fait, il ne l'a jamais été ! Pour qu'elle puisse être, la vie d'un individu ne peut que faire partie de cette énergie. Le mental humain cloisonne, cloitre, arrête et il imagine être séparé du mouvement du tout. Mais il s'agit d'une simple croyance parce que si l'on arrête de penser ne serait-ce que quelques secondes, et que l'on se laisse aller à ce mouvement parfait, on sait que, pour que la vie puisse être, on ne peut qu'en faire partie. On réalise que ce mouvement est en même temps d'une puissance extraordinaire, d'une grande douceur et d'une infinie sagesse. L'Homme en fait partie, non pas comme une entité supérieure comme il pourrait le croire, mais juste en tant qu'espèce comme il y en a tant d'autres. Il est juste un élément du tout. Le mental humain veut croire que nous sommes le tout, la consécration, le résultat de l'évolution, mais qu'est-ce que l'évolution si nous nous croyons coupés de la vie ? Elle est ignorance, parce que si l'on est coupé de la vie, on est mort. Tout est à sa place avec une précision parfaite, que ce soit en temps, en goût, en forme, en couleur, en odeur, en mouvement, tout est organisé, tout est là.

Tonton Gaby est heureux de voir Missa. Elle représente l'espoir. Il sait que tout est à faire, que tout est possible, mais que les choses doivent être manifestées. Il est convaincu que Missa, lui-même ou bien l'Humain, est capable de tout. S'il devait faire un constat sur ce dernier, il dirait qu'Il a réalisé des prouesses, des miracles technologiques et que si la vie d'aujourd'hui a, de façon générale, atteint un certain niveau de confort, c'est grâce aux progrès techniques. Mais il est également convaincu que si nous sommes en vie, ce n'est pas uniquement pour vivre une réalisation matérielle dont le but serait uniquement un confort, quel qu'il soit. Si nous vivons, c'est pour réaliser, pour prendre conscience du « tout » dont nous faisons partie. Les consciences commencent à frémir, à réagir ici et là quand bien même cela peut paraître anodin, une goutte d'eau dans l'océan. Il faut construire, il faut avancer parce que quand bien même c'est une goutte dans l'océan, l'océan est composé de gouttes… Grâce à son travail personnel, à Missa et à son développement, ainsi qu'à toutes les personnes qui sont comme lui, tonton Gaby sait que les consciences peuvent bouger, qu'elles commencent à bouger et que la nouvelle ère commence à émerger pour que la lumière soit. Ce n'est pas un fantasme, ce n'est pas une pensée ou un rêve, mais une réalité quotidienne. Aujourd'hui, les humains non seulement aspirent, mais ont un besoin vital de retour à la source originelle. C'est de ce besoin de retour à la source que jaillira la lumière. Et cette vibration de lumière, d'amour, de bienveillance, de tolérance, d'ouverture, de compassion et de compréhension ne fait que se renforcer chaque jour. Ce mouvement d'énergie s'intensifie chaque fois qu'une personne y adhère. L'Homme ne veut pas croire qu'en méditant sur l'amour, le détachement et la paix, il fait non seulement un travail pour lui-même, mais qu'il exerce un impact sur l'humanité dont il a une part de responsabilité. Chaque personne, à son petit niveau, est responsable de l'humanité tout entière. Ne dites pas que c'est une goutte dans l'océan, car si nous sommes des centaines de millions à émettre nos propres gouttes, l'océan sera plein : plein d'amour, d'énergie, et cette force de vie infaillible, inexplicable, intense, fera jaillir un nouvel ordre de ce chaos. Les belles dunes du désert sont composées de grains de sable, m'a rappelé un jour un sage.

Alors, mettons-nous au travail, maintenant, sans tarder. L'avenir de l'humanité est entre nos mains ! Soyons responsables, ne blâmons personne. De trop nombreux hommes politiques ainsi que leurs jeux diplomatiques ne sont rien d'autre que des marionnettes de basses énergies, celles de ce jeu qui se dessine depuis des millénaires. Regardons ces personnes-là, ces hommes ou ces femmes de pouvoir comme des marionnettes d'énergies hostiles d'individualisme ou de destruction, mais ne les blâmons pas. Restons toujours dans la même lignée, sans jugement, sans ressenti. Constatons tout simplement ce qui est, et réveillons-nous à la source, à la lumière, à l'amour.

☼

Des jours ont passé ! Tout s'est déroulé très vite… ! Missa partage une conviction intime, un sentiment profond, vrai, très fort : il s'est passé quelque chose d'important en elle pendant ces vacances ! Elle sait, elle est convaincue qu'elle est en train de se reconnecter à sa vérité intérieure. Elle sait que cette vérité intérieure qu'elle ressent du plus profond de son cœur se trouve également partout autour d'elle. Quand elle en aura besoin, elle sait qu'avec persévérance, elle pourra aller chercher dans son environnement cette balise, cette référence, cet attachement, cette vérité, cette énergie, cette solidité, cette conviction, ce sentiment très intense qui languit en son être intérieur. Elle sait que cela se trouve dans les fleurs, dans l'air qu'elle respire, dans les arbres et dans tout ce qu'offre cette nature généreuse dont elle fait partie. Elle n'en a jamais été détachée, n'en a jamais été séparée, parce que sans le tout, la vie n'est pas. Dans son esprit, dans son cœur et dans sa conscience, elle ressent la vie, elle sait qu'elle fait partie de l'absolu, elle sait que la vérité est.

Elle commence à peine à comprendre ces réalisations, ces prises de conscience, mais elle sait que, dorénavant, le temps dont elle dispose peut être utilisé pour se construire dans cette universalité dont elle fait partie : l'être humain n'a jamais été détaché de ses racines, de la vie, mais il fait partie intégrante de la vie, de cette perfection. Missa sait désormais que, quand elle dirige sa conscience et sa concentration vers ce ressenti, vers cette conscience qu'est la vie, non seulement elle ne se perd pas, mais elle se retrouve dans le beau, le merveilleux, le puissant, l'éternel ainsi que dans l'omniscient et l'omnipotent. En effet, en tant que personne, elle est juste une goutte d'eau dans l'océan, mais si elle se laisse aller à l'océan, elle devient elle-même l'océan, la vie, la force, la joie… Ce n'est pas un sentiment lointain ou imaginaire, c'est une vérité réelle et, plus on se laisse aller à ce mouvement d'universalité, « l'océan », plus on s'en nourrit, plus sa conscience s'élève, et plus on a une vision large des choses, une vision détachée. Et, c'est parce que l'on a une vision plus large de choses en se laissant aller à l'universel, que la vérité émerge naturellement comme une évidence.

Missa sait désormais que le temps qu'elle n'utilise pas pour se recentrer sur sa source est du temps perdu, parce que la seule et unique vérité est dans l'universel.

C'est sur ces considérations que la jeune fille se dirige ce jour-là d'un pas sûr chez tonton Gaby pour lui parler de ses prises de conscience, de sa conviction intime, et de ses projets d'avenir :
– Bonjour, tonton, le départ approche ! J'étais triste à l'idée de venir dans ce coin perdu et me voilà triste à l'idée d'en repartir. En réalité, si on regarde bien, je suis toujours triste, ironisa-t-elle avec un sourire. Le jour approche. Nous allons partir demain et c'est le moment pour te dire, heu... En fait, pour te remercier pour toutes ces choses que tu m'as apprises. Je te suis infiniment reconnaissante de m'avoir ouvert les yeux. J'étais comme anesthésiée, comme en train de répéter toujours les mêmes choses. Grâce à toi, j'ai ouvert les yeux et j'ai découvert une lumière. Et maintenant que j'ai appris à ouvrir les yeux, je souhaite non seulement regarder autour de moi, mais regarder aussi loin que possible. Alors je sais, tu me l'as déjà dit, il n'y a rien de tel que la mise en place d'un rituel ! Je veux bien mettre en place un rituel, mais de temps en temps, je souhaite revenir vers toi pour discuter, pour partager, pour que tu puisses m'expliquer. De nombreuses

questions vont se poser à moi. Je vais sans doute percevoir de nombreuses choses que je ne comprendrai pas. Peut-être qu'avec le temps, je finirai par les comprendre, mais je gagnerai du temps si tu m'aides à les comprendre plus rapidement. À mon retour à la maison, je vais mettre en place un rituel de concentration – si on peut l'appeler comme cela –, et essayer de pratiquer tous les jours, tous les matins entre un quart d'heure, une demi-heure ou trois quarts d'heure, cela dépendra des matins. Je vais faire ce que m'as conseillé en deux phases : quand je n'aurai pas beaucoup de temps, je ferai l'une ou l'autre. J'essaierai aussi de me mettre dans l'état de grâce dans le quotidien. Ensuite, pour progresser et mieux me centrer sur l'être intérieur, je regarderai chacun de mes actes de la veille ou du jour même afin de les comprendre sans jugement, sans félicitation et sans blâme, d'être juste un témoin de moi-même, de me regarder faire pour comprendre où mes actions ont pu prendre racine, à partir quels jugements, et surtout si cela a posé problème ou a généré une émotion négative. Je regarderai si ce que ce sont des actions vraies, des mouvements vrais et justes ou s'il s'agit plutôt de mouvements d'orgueil, de jalousie, de ressenti, de préjugé. Et pour cela, j'essaierai d'arriver au point zéro… Voilà ce que je souhaite mettre en place rapidement. Qu'en penses-tu ?

– Tu sais, Missa, répond tonton Gaby. Je te l'ai déjà dit et je le redis, tu es toute jeune, mais je suis très content de voir que tu t'es mise sérieusement au travail. Le rituel dont tu m'as parlé et que tu comptes mettre en place est très rassurant sur les progrès que tu pourras faire. Tu vas le mettre en place et nous allons faire la chose suivante : si ta maman a l'occasion de revenir, viens avec elle. Sinon, tu me passeras un coup de fil une fois par semaine ou quand tu le pourras et nous discuterons. Mais pense à conseiller ton petit frère avec bienveillance, avec amour, et fais de ton mieux : mieux que ton mieux, tu ne le pourras pas, rappelle-toi ! conclut-il avec un sourire.

☼

Le jour du départ, Missa est pleine de promesses, de joie et de bonne volonté pour mettre en œuvre les conseils, les lumières de tonton Gaby. Pendant que la voiture roule, le papa, la maman ainsi que le petit frère expriment leur satisfaction à propos de ce séjour. De plus, la famille s'est ressoudée dans l'amour et dans l'entente.

Missa observe le paysage, la nature, les arbres, le ciel, les nuages, le soleil... Elle regarde tout cela comme si elle en faisait la découverte, avec un œil neuf, avec reconnaissance d'être là, durant ce laps de temps éphémère. Elle remercie l'univers, elle remercie le créateur, elle remercie tonton Gaby, elle remercie ses parents et, pendant ce temps, elle a le sentiment d'être entrée dans l'état de grâce où l'on ne ressent que gratitude, satisfaction, motivation, envie de bien faire. Ce sentiment de bien-être est non seulement nourrissant, mais il est également moteur. Il est à l'origine de toute action, de toute réalisation. Elle a bien entendu les conseils de tonton Gaby. Le résultat ne lui appartient pas, elle se refuse donc à se projeter dans quoi que ce soit. Elle sait que, désormais, elle fera de son mieux. Elle se souvient de cette phrase : « *On ne peut pas faire mieux que son mieux* ».

Pendant tout le trajet, elle reste sur ce sentiment de gratitude, de bien-être, d'amour, de paix. Elle le vit et, parce qu'elle le vit, elle le partage dans cette atmosphère : elle entend sa famille comme si elle était loin, et elle se regarde échanger avec ses parents dans l'amour, dans la joie, dans le plaisir d'être ici et maintenant. Elle vit ce moment et elle le regarde en même temps, sachant que le temps est éphémère.

Après être retournée dans son quotidien, elle reprend ses habitudes : l'école, les trajets, accompagnée par sa maman, ou dans le bus. Toutes ces habitudes reprennent comme si elles n'avaient jamais cessé, comme si le temps s'était tout simplement suspendu pour la reprendre ensuite dans ce tourbillon d'automatismes du quotidien : se lever, prendre son petit déjeuner, partir à l'école, travailler et revenir…

Les premières semaines, Missa est très motivée par la pratique de ses rituels. Par ailleurs, elle appelle tonton Gaby régulièrement et met tout en œuvre pour prendre ce temps. Elle le lui a promis et elle se l'est promis à elle-même. Mais plus les habitudes et le quotidien reprennent leur cours, plus elle s'éloigne des moments de grâce. Sa relation avec sa maman est clairement différente. Améliorée, pourrait-on dire, mais le quotidien a repris ses droits et de nouvelles tensions ont fait leur apparition. De plus, après quelques semaines et même quelques mois, Missa se rend compte que le temps qu'elle passe sans s'ouvrir, sans se remettre au travail et sans avancer intérieurement est du temps perdu et du gâchis. Alors, dans un dernier sursaut, écoutant son intuition, elle décide de mettre en place des rituels avec sa famille. Elle sait que sa maman l'accompagnera, qu'elle est ouverte aux discussions et qu'elle l'aime plus que tout au monde. Et parce que sa maman l'aime, elle sait qu'il n'y a rien d'impossible.

Elle décide donc, un jour, de lui parler pour qu'elles réfléchissent ensemble à la manière de mettre en place un rituel commun pour que leur communication s'améliore et que leurs échanges ne soient basés que sur la bienveillance. Après cet échange avec sa maman, Missa se sent bien. La maman a été agréablement surprise, mais elle n'a su que répondre à cette demande. Elle a pris sa fille dans ses bras et lui a rappelé combien elle l'aime et qu'elle l'aimera toujours. Elle lui a promis de réfléchir sincèrement à la question et de revenir rapidement avec une réponse dont elle espère qu'elle sera satisfaisante.

Après cet entretien, la maman de Missa appelle tonton Gaby, tout d'abord pour lui faire part de toute sa gratitude et de son amour, puis pour lui demander de l'aide. Avec toute la sagesse et l'ouverture d'esprit dont il peut faire preuve, tonton Gaby lui indique que la réponse est dans son cœur, et que si elle sait écouter son cœur, elle saura que mettre en place pour avancer, progresser et surtout satisfaire cette demande inattendue et très agréable de sa fille.

Quelques jours passent sans qu'elle donne de réponse à Missa. Puis un jour, la réponse lui paraît évidente : il faut faire des réunions de famille, s'assoir et ouvrir son cœur. Une fois par semaine, s'assoir pour que chacun puisse discuter librement des choses qui le concernent, tranquillement, sans faire aucun reproche à qui que ce soit, sans gêne, sans jugement et sans préjugés. Il s'agirait simplement d'être factuel puis d'exprimer son ressenti face à une situation considérée comme douteuse ou gênante : raconter les faits comme ils ont été vécus et, afin d'améliorer cet échange, pourquoi pas dans un second temps, de faire comme un jeu de rôle. Par exemple, Missa prendrait le rôle de la mère, la mère celui du petit frère, le petit frère celui du papa et le papa prendrait le rôle de Missa. On se baserait sur des situations récentes et, avant de commencer, pour que les séances se déroulent au mieux, il faudrait s'ouvrir à cet état de grâce dont Missa a parlé et dont elle a ensuite obtenu quelques précisions de tonton Gaby lui-même. Cela signifie se placer dans la lumière, l'amour et la paix. L'idée est qu'à partir de cet état, une personne exprime les faits qu'elle veut et son ressenti, puis qu'elle permette aux autres d'exprimer le leur face à la situation présentée. Il s'agirait d'échanger uniquement sur le ressenti par rapport aux faits puis de partager les besoins, visions, intuitions, conseils…

***

– Coucou, maman, qu'y a-t-il à manger, qu'as-tu prévu comme goûter aujourd'hui ? demande Missa en rentrant de son lycée. Ah, pardon, bisou !

Missa envoie un baiser à sa mère.

– Je t'aime, maman.

– Ah, Missa, justement je voudrais échanger avec toi ! dit la maman.

– Tu veux me parler ? répond Missa. Eh bien, l'école s'est bien passée, les copains et les copines, tout le monde va bien. Il se passe de petites choses, mais rien que je veuille te raconter. Tu me fais confiance ? Tout va bien pour moi.

– Bon, très bien, soit ! dit la maman.

– Oui tout va bien, reprend Missa. Si quelque chose m'avait gêné, je te l'aurais dit, mais les copains et les copines, ça va ! Le travail aussi, ça va ! J'ai juste quelques devoirs à faire. Je te l'ai déjà dit : je suis d'accord pour te raconter, mais pas tout, tu es à ta place et je suis à la mienne. Tu n'es pas ma copine ! Je sais que toutes tes actions sont basées sur l'amour, mais ne t'inquiète pas, maman, je suis suffisamment grande, maintenant…

– Je sais, Missa, répond sa maman. Je voulais juste te dire que j'avais réfléchi…

– Tu as réfléchi à quoi, maman ? la coupe Missa. Mais pardon, vas-y, je te laisse continuer.

La maman explique brièvement son projet de réunion familiale hebdomadaire.

– Ah bon ? On va faire une réunion ? répond rapidement Missa. Ah, non, maman ! Je vais encore passer devant le tribunal, tu sais que je n'aime pas du tout cela. Non, je n'ai pas forcément envie de tout te raconter.

Voyant la réaction de Missa, la maman s'explique :

– Missa ! Ma fille d'amour que j'aime, c'est toi qui m'as demandé de réfléchir à la meilleure façon d'échanger pour que nous puissions conserver cet état de grâce que tu as découvert cet été avec tonton Gaby, n'est-ce pas ? Cette proposition essaie tout simplement de répondre à ton besoin. Je ne veux en aucun cas faire intrusion dans ta vie et je ne veux pas vivre ta vie. Ta vie, c'est toi qui dois la vivre, et tu dois faire tes propres expériences. Évidemment, j'aimerais que celles-ci se passent au mieux pour toi. Je veux te conseiller, mais je ne veux être à l'origine ni de tes actions, ni de tes pensées, ni de ton ressenti. Ma fille, je t'aime et tu es libre. Si, par moments tu me trouves intrusive ou envahissante, je te présente mes excuses, ce n'est pas mon intention. Mon intention est tout simplement de t'accompagner pour que tu sois au mieux. Les épreuves et les étapes par lesquelles tu dois passer t'appartiennent. Mis à part t'écouter, je ne peux que te donner quelques conseils et t'accompagner au mieux dans tes projets. Je t'aime plus que tout et je veux que tu sois heureuse. Cependant, c'est à toi de classer tes affaires personnelles, je ne peux pas le faire à ta place. Je peux t'aider à les classer, je peux t'éclairer, attirer ton attention sur les dangers éventuels, mais ta vie est à toi en en aucun cas je ne veux me l'approprier. Je veux juste que tu sois heureuse, c'est tout ! Quand tu es heureuse, je suis heureuse. Même si tu ne me racontes pas ce qui se passe, même si je ne le sais pas, quand tu rentres avec ce beau visage radieux, cela suffit à mon bonheur. J'ai vécu ma jeunesse, j'ai rangé mes propres affaires avec une maman aimante à qui je porte une extrême reconnaissance. Ceci dit, dans certaines situations où j'ai beaucoup pleuré, si j'avais su qu'il existait une oreille attentive, qui ne jugeait pas, qui ne voulait pas faire à ma place et qui ne décidait pas, cela m'aurait peut-être aidée. C'est tout que je veux te donner ma fille, juste quelques éclaircissements sur certaines situations si tu veux les prendre. Mais si tu ne veux pas les prendre, tu ne les prends pas. D'accord chérie ? Je t'aime.

– Oh, maman, moi aussi, je t'aime, reprend Missa. Merci pour toute cette gentillesse. Maman, tu es la plus gentille maman du monde !

– OK, je prends cette couronne ! répond la maman en riant. Mais quand tu seras fâchée, vas-tu me transformer en méchant petit monstre ? Bon, tout à l'heure, j'ai préparé des beignets comme tu les aimes, saupoudrés avec du sucre glace ! Tu en mangeras un ou deux et cela suffira pour le goûter. Je souhaite que tu manges équilibré parce que si tu veux être bien en esprit, il faut commencer par respecter et aimer ton corps. Or quand on aime son corps, on ne doit pas lui donner toutes sortes de choses à volonté. Certes, on éprouve du plaisir à manger certaines choses qu'on aime, mais quand on aime son corps on doit le faire sans excès. Tous les excès, quels qu'ils soient, ne sont pas bons pour la santé. Tu entends, chérie ? Par conséquent, prends le goûter maintenant et tout à l'heure, nous mangerons un repas équilibré. C'est bon pour toi ?

– Oui, maman ! répond Missa.

– OK, reprit la maman ! Je vais profiter de ce que tu prends ton goûter pour te détailler ma proposition. En fait, j'ai d'abord appelé tonton Gaby. Je l'ai remercié et je lui suis infiniment reconnaissante, parce que, grâce à lui, j'ai retrouvé ma fille d'amour pleine de promesses. Je souhaite que notre relation puisse continuer à aller au mieux et que tu puisses continuer à t'épanouir tout en étant libre, dans cet état de grâce que tu as vécu cet été. J'ai réfléchi à ta proposition de savoir quel rituel nous pourrions mettre en place pour remettre le compteur à zéro et retrouver un équilibre basé sur l'amour, la bienveillance, la satisfaction et le partage. Je propose donc de nous réunir en famille une fois par semaine et de commencer par appeler l'amour, la paix et la joie. Ce sont des sentiments que l'on doit ressentir. Si l'on a une difficulté avec une personne présente, avant d'échanger, quel que soit le problème, la phrase, le mot ou quoi que ce soit qui ait gêné, on regardera d'abord la personne, pour lui dire qu'on l'aime, car l'amour est un pouvoir qui apaise et dissout toutes les tensions. La personne qui prendra la parole devra donc commencer par un message d'amour puis exprimer la situation, sa gêne ou sa difficulté puis finir par un mot d'amour. Ça, ce sera pour les choses qui nous concernent et que nous voudrons dire. Sinon, quelle que soit la situation, la tienne, la mienne, celle de papa ou de ton petit frère, nous aurons cette possibilité de faire appel à un imaginaire. Il y a des choses que l'on souhaite garder pour soi, parce qu'on a aussi son jardin secret. Dans ce cas, que la situation soit la tienne ou celle de quelqu'un d'autre, nous pourrons mettre en place un système permettant de raconter l'histoire d'une copine ou d'une connaissance qui a vécu ceci ou cela. Ainsi, il sera toujours possible de raconter l'histoire, de réfléchir tous ensemble à une solution apaisante et d'y voir plus clair. Qu'en penses-tu ? Une fois que la séance sera terminée, si on le souhaite, on pourra revenir dessus pour dire de qui il s'agissait. Et quand tout sera dit, on refermera la séance, on se fera un câlin familial, on se recentrera dans l'énergie de bien-être, de paix, de satisfaction et on quittera cette atmosphère.

– Maman, tu es un génie, je t'aime, tu es intelligente. J'ai toujours su que tu étais intelligente, mais là, tu m'as encore impressionnée !

– Tu n'as pas encore goûté à mes beignets mon amour !

– Ah OK, maman ! J'adore cette idée ! En as-tu parlé à papa ?

– Oui j'en ai parlé à papa et il est tout à fait d'accord. Il a dit qu'il a plein d'histoires...

– Ah non ! interrompit Missa, il ne va pas nous raconter toutes les histoires de son boulot ?

– Missa ! répond la maman, si papa a besoin de parler des histoires de son travail, tout comme toi tu as besoin de parler d'histoires d'école, c'est libre. On a dit qu'on gardait une oreille bienveillante, un accueil, une écoute neutre…

– Ne dis rien de plus, maman ! Pardon, je promets de faire des efforts pour écouter et ne pas couper la parole. Câlin, maman d'amour ? Je t'aime ! Les beignets sont bons ! Allez, je te laisse, car j'ai des devoirs à faire.

☼

Les jours passent et se ressemblent comme s'ils étaient tous les mêmes. Missa et sa petite famille sont entrés dans une routine, un ordinaire, un quotidien. Chacun apporte cependant sa petite variation aboutissant à une petite situation qui évolue d'elle-même, comme si elle avait sa propre finalité. Lors de ces réunions familiales auxquelles sa maman l'a invitée à participer, Missa s'est sentie gênée, tout au moins les premiers temps. Mais au fur et à mesure, comme prévu, c'est devenu un rituel, comme un moment de grâce, un moment où l'on peut tout lâcher, tout dire, comme s'il n'y avait ni jugement, ni conséquence, ni gravité, comme s'il n'y avait que bienveillance et partage. Au début, il y a eu énormément de retenue, que ce soit de la part de Missa ou de celle de Gabriel, son petit frère. Mais, face à cette situation, la maman de Missa a pris soin de rappeler les règles avant chaque séance. Elle en appelle régulièrement à la grâce, à la bienveillance, comme à une énergie, comme à un mouvement, comme à une atmosphère.

« *Je viens vers toi…* ». Elle prononce systématiquement cette prière à chaque début de séance. Elle exprime chaque fois cette aspiration, « *Je viens vers toi, l'État de Grâce, l'atmosphère de la bienveillance, je sais que tu es en moi, autour de moi, je sais que tu es ici présent. Je te cherche avec mon mental, avec mon corps, avec mon ressenti. Je te supplie de prendre possession des lieux, de l'atmosphère d'ici et maintenant. Je m'en remets à toi, à ta grâce, à ta bienveillance pour que chaque échange soit basé sur l'amour, la bienveillance, l'ouverture, les précautions, la paix. Nous tous ici présents : moi, Fanny, mon époux, Karl, ma fille, Missa et mon fils, Gabriel, nous nous mettons dans ton atmosphère, nous te confions nos intentions, notre histoire et nos ressentis* ». Et elle disait : « *Les enfants, quand on exprime cette prière, on doit y adhérer, on doit y croire et on doit se remettre. Parce que si l'on n'y met pas tout son cœur et toute sa sincérité, l'atmosphère ne peut pas ressortir. Il faut donc y mettre du sien. Il faut imaginer cette atmosphère, cette grâce, cette énergie qui est parmi nous ! On est bien d'accord ? Tout le monde est OK ? Allez ! On se centre sur cette atmosphère et c'est à partir de là que nous allons commencer l'échange* ».

Les premiers temps, les échanges ont été plutôt timides : que ce soit de la part des enfants ou de celle des parents. En effet, ces derniers craignaient que les enfants puissent percevoir une gêne quelconque, un jugement ou de la non-acceptation face aux faits exposés. Il ne faut pas oublier que la communication est évidemment verbale, mais que le non verbal prend énormément de place. Les parents en ont eu conscience et, de ce fait, ont eu tendance à être dans un hyper contrôle. Ils ont donc été très vigilants, mais ont observé, au fur et à mesure du temps, que les enfants étaient de plus en plus à l'aise. Ces derniers se sont en effet rendu compte qu'ils pouvaient tout dire. Par moments, ils parlent d'eux-mêmes, parfois d'une autre personne dont l'identité est citée ou pas, mais peu importe, sachant que quand ils ressortent de la séance, ils sont pleins d'amour et de bienveillance vis-à-vis d'eux-mêmes, vis-à-vis des parents et que, surtout, ils repartent plein de confiance, de certitudes, de bien-être et d'ouverture, comme si tout pouvait trouver une solution. Quand bien même la solution n'apparait pas le jour même, ils savent qu'elle peut émerger le lendemain.

Ces séances que Fanny et sa famille ont mises en place ont bien sûr bénéficié de l'aide de tonton Gaby. Ce dernier n'est jamais loin, car, à chaque fin de séance, Fanny prend le téléphone et lui fait un topo, non seulement pour qu'il aide à mieux voir la situation, mais aussi pour qu'il apporte son énergie afin d'aider la famille à grandir dans l'amour et la bienveillance.

Missa a donc compris que son comportement détermine sa vie, son présent et son futur. Ce n'est évidemment pas un scoop de dire que son avenir dépend de soi et de son comportement : c'est à la portée de tout un chacun, mais ce que Missa a compris au plus profond de son être et grâce à l'aide de tonton Gaby, c'est qu'il lui faut trouver le mouvement juste pour être en phase avec l'univers dans lequel elle évolue. Elle sait également que l'univers lui-même l'accompagne dans cette recherche.

Si l'on devait arrêter le temps, arrêter les liens familiaux ou tous types de lien, arrêter sa pensée, ses désirs, objectifs, envies, attentes, si l'on devait tout arrêter, absolument tout et être comme un point dans l'univers, si l'on regardait cet univers tout autour de nous avec sincérité, avec cette vision intérieure qui part du cœur, cette vision vraie, juste et limpide, on verrait que chaque mouvement, chaque pensée, chaque parole, chaque acte est une énergie lancée dans cet univers et qui peut nous revenir. Cela fait écho au proverbe connu et dont le sens est lourd de conséquences : « Qui sème le vent récolte la tempête ». L'univers ne punit pas, il rend tout simplement ce qu'on lui donne. Missa a compris que chaque pensée, chaque acte, chaque parole est une énergie, une semence et elle a décidé qu'être gentil était loin d'être une faiblesse, que c'était au contraire une force de caractère. Peu importent les jugements de certains, elle est convaincue que la bonté, la sagesse et l'amour sont loin d'être des faiblesses, mais plutôt de merveilleuses énergies, de véritables pouvoirs. Elle a également compris qu'ils sont en elle : libre à elle de les manifester et de se laisser porter par ces énergies. Elles seront à l'œuvre pour sa vie, ou alors elle pourra se noyer dans les automatismes ordinaires du quotidien, des causes aux effets. Elle a décidé de tout déposer, de tout remettre à l'univers. Sa conduite consistera à laisser se manifester sa vérité intérieure et à tout voir dans un cadre de sagesse, bonté et bienveillance. Cette attitude ne veut pas dire qu'il faut laisser faire quelqu'un qui nous fait du mal : cela veut dire ne pas réagir au mal par le mal, car la lumière ne peut pas aller avec les ténèbres. Dans ce genre de situation, il s'agit simplement de rester dans le calme et de laisser venir de l'intérieur le comportement le plus adapté à la situation. Actuellement, le mental ordinaire de Missa, ainsi que celui du commun des mortels, fonctionne le plus souvent d'une façon binaire et limitée : « *Tu as dit, je te dis* » « *Tu m'as fait, je te fais* »... La réponse donnée se situe au même niveau que le message reçu. Or cette réponse doit venir d'ailleurs, d'un niveau plus élevé, plus large. Ainsi, Missa sait désormais que déposer son mental, ses automatismes et toutes les situations, quelles qu'elles soient sans les juger et les remettre à l'univers auquel elle fait pleinement confiance, permet de rester dans la paix et l'ouverture. Elle sait également que l'intuition du mouvement vrai, de la parole juste et de l'action vraie, viendra à elle comme une intuition évidente, certaine, et elle saura alors comment tracer son chemin.

En réalité, savoir tout ceci est une chose, mais l'appliquer dans la vie ordinaire en est une autre, plus difficile. Alors, Missa fait à nouveau l'effort de mettre en place des rituels quotidiens. Ses rituels à elle. Comme le lui a expliqué tonton Gaby : « *Il peut y avoir autant de rituels que d'êtres humains sur terre à partir du moment où ils nous conviennent, où ils permettent d'écouter avec l'être intérieur, et du moment qu'ils mènent à la sagesse, à l'ouverture, à la vérité...* ».

Missa et sa famille sont donc à nouveau dans leur quotidien enrichi du rituel familial. Ils ont repris leur vie ordinaire depuis plusieurs mois maintenant : lycée pour Missa, travail pour sa maman et son papa, cours et activités sportives pour le petit frère. Tout est redevenu comme un quotidien mécanique, ordinaire. Les jours se suivent et se ressemblent avec leur quota de surprises, d'épreuves, de travail, de joies, de courage, de tristesse, de déceptions. Tout cela s'inscrit de nouveau dans une dynamique banale et plutôt bien huilée, comme si les choses avaient été identiques avec juste quelques légers changements orientant ou réorientant le mouvement de chaque situation vers son éclosion, sa manifestation, son but, sa plénitude.

Mais, dans ce quotidien ordinaire, Missa a intégré le fait de regarder, d'observer, sachant que chaque situation peut constituer une occasion de se remettre en question, de se remettre dans la sagesse et dans l'état de grâce. Elle sait que la perception des facettes de chaque situation dépend du point où elle se place. En se déplaçant, le point de vue change, la vision change et la perception globale se trouve enrichie. Missa se met donc quotidiennement dans le calme pour revoir sa journée, en sortir les moments clés et les regarder avec détachement. Elle ne se juge pas, ne se critique pas et elle ne se félicite pas non plus, partant du principe qu'il y a juste des leçons à apprendre. Avec de la pratique, elle a fini par développer un rituel qui lui convient. Quand elle le peut, lors de ses moments de méditation, elle commence par observer sa respiration et par prendre conscience que chaque bouffée d'air est un miracle de la vie. Elle rend grâce pour ce miracle, sans pensées autres que celles de la gratitude, du remerciement à l'univers de la joie d'être vivante. Elle apaise sa respiration et considère cet air qui est énergie : chaque inspiration est une inspiration de vie. Cela lui prend seulement quelques minutes le matin et le soir, mais cet exercice lui est désormais important, vital. Comme elle le dit elle-même, il la rééquilibre. Ensuite, dans ce moment d'apaisement et de calme, après avoir remercié cette énergie, cet oxygène qui est la vie, elle remercie également son corps. Elle remercie l'univers de lui a donné ce corps et elle continue de rester dans cet état de grâce où plus rien n'a d'importance mis à part cet instant de vie, cette énergie de vie et la gratitude. Elle sait que l'énergie de vie qui se trouve dans l'oxygène qu'elle respire se trouve aussi dans chaque organe, chaque tissu, chaque cellule de son corps. Ce dernier est énergie de vie et, désormais, sa conscience et lui ne font plus qu'un. Elle prend également conscience qu'elle fait partie d'un tout, que si elle est comme cela, ses amis d'école le sont également, ainsi que ses profs, mais qu'ils sont tous pris dans un engrenage de plaintes, de chamailleries, de questions ou de problèmes en tous genres et se coupent de l'essentiel qui est la vie, vie qui, elle-même, est joie. Ce constat la renforce dans l'envie de se recentrer dans cette énergie, dans cette force pour ne pas se laisser embarquer par le tourbillon du quotidien, le tourbillon du mental, le tourbillon de toutes sortes de choses utiles ou futiles. En effet, quand on se joint à la lumière et à l'énergie de vie dans le calme et dans l'apaisement, les solutions apparaissent, aussi ordinaires, matérielles ou sentimentales soient-elles. La perception des événements ou des situations change et un sens nouveau peut se manifester.

Missa fait donc l'effort de se centrer sur l'énergie de vie et s'en laisse nourrir. Cela reste cependant une lutte au quotidien que de calmer sa pensée, de regarder les mécanismes du style « *l'autre a dit, l'autre n'a pas dit, l'autre a fait, l'autre n'a pas fait…* ». Plus les jours passent, plus elle prend conscience que cette énergie de vie se trouve non seulement dans l'air qu'elle respire, dans chaque cellule de son corps, tout autour d'elle, mais qu'elle fait partie intégrante du mouvement qui est le tout : la nature ! Par moments, il lui arrive d'entrer en contemplation de la nature ! Elle regarde tout simplement par sa fenêtre pour observer cet arbre pas très loin qui, lui, est dans l'instant de vie. Elle prend alors conscience du fait que son mental est un outil extraordinaire, mais qu'il peut aussi être un frein parce qu'il lui fait oublier sa racine, son essence qui est la vie. Pendant ces moments de grâce et de calme, elle reçoit parfois comme des intuitions de choses à faire, de choses importantes à réaliser, parce que le quotidien, aussi ordinaire qu'il puisse être, a aussi son importance : « *Je dois réviser, car demain, j'ai un contrôle. Sinon, je vais avoir une mauvaise note* ». « *Il faut que je dise à maman de me racheter un cahier parce que celui que j'ai est arrivé à la fin* ». « *Il ne faut pas que j'oublie de prévenir mon prof de sport que je ne pourrai pas venir demain parce que j'ai un contretemps…* » L'organisation du quotidien se met en place comme une évidence : prendre conscience de l'énergie de vie est important, mais faire ce qui est juste et approprié, faire de son mieux est aussi important. Quand Missa sort de ses méditations, tout était calme, apaisé et elle voit plus clair dans son ordinaire, dans son quotidien.

L'anniversaire de la jeune fille approche. Que de joie ! Elle va inviter ses copains pour faire la fête et elle sait que son papa et sa maman la gâteront. Ceci dit, comme pour toute chose qui se présente, elle la regarde avec un œil intérieur en se disant : « *Ça aussi, il faut que je le considère : il ne faut pas que je me mette en mode intuitif ou méditatif pour ne voir que mes petits malheurs, il faut que je regarde aussi mes petites joies pour reconsidérer les choses. Fêter son anniversaire est une joie, recevoir des cadeaux est également une joie, mais ce sont des joies éphémères : quelle importance vais-je leur donner ? Un jour d'anniversaire est-il meilleur qu'un jour sans anniversaire ?* » Voilà les questions qui lui viennent, ainsi que certains principes : regarder avec un œil neuf, ne jamais cesser d'aller chercher la joie au plus profond de son cœur, faire de son mieux dans son quotidien. La joie est une base que l'on peut avoir dans son cœur parce que c'est inné, c'est en soi. De même, la paix est innée, elle est en soi et quand nous avons retrouvé la joie intérieure et la paix intérieure, nous pouvons faire en sorte que le quotidien et l'ordinaire se mettent en phase avec ces mouvements.

Missa constate également que ce quotidien, cet ordinaire n'est qu'une apparence parce qu'elle sait désormais regarder les choses intérieurement. Tout au moins sait-elle qu'elle peut regarder les choses intérieurement, car il y a une grande différence entre *savoir regarder* les choses intérieurement et *regarder* les choses intérieurement. En dehors des moments de méditation, la mise en œuvre systématique de cette compétence n'est pas évidente. Missa sait faire, mais il faut de l'entrainement, de la persévérance et de la volonté pour pouvoir le faire à chaque moment, à chaque échange : penser à se mettre à l'écart intérieurement et regarder une situation. Comme tout un chacun, elle peut réagir au premier abord « du tac au tac » comme on pourrait dire. On sait que les êtres humains fonctionnent plus ou moins de la même manière, qu'à chaque perception, il y a une réaction, comme si notre nature intérieure était un super ordinateur réagissant par automatisme, par réflexe. On entend souvent ces expressions du type : « *Je fais toujours les choses comme ceci ou comme cela !* » ou « *C'est plus fort que moi* », comme si la personne était régie par quelque chose de plus puissant que sa raison, sa pensée, sa propre volonté. Les automatismes sont enregistrés, installés, programmés comme des logiciels sur un ordinateur, et chaque fois qu'on entend des mots clés, ou bien dans une situation donnée, ou bien face à une personne précise, le mécanisme s'enclenche.

En observant ses comportements, Missa a donc pris conscience de certains de ses automatismes et fonctionnements liés à son parcours et créés, entre autres, avec un système de croyances associé à un système de causes à effets. Elle se regarde faire en observant la mise en œuvre de ces systèmes, et réalise comment cela aboutit à des points de vue, à des jugements, à des interprétations, et comment cela conditionne les émotions ressenties. Elle sait que la seule chose à faire est d'apaiser tout ceci et d'arriver à rester dans le calme coûte que coûte, comme un témoin de son propre fonctionnement. Elle se regarde comme un acteur, comme si elle avait cette capacité de se dédoubler pour se voir faire. Ce n'est pas une mince affaire : c'est un travail de rigueur, de persévérance et il ne faut laisser place à aucun doute quant à sa volonté de progresser.

Missa réalise également que le monde est régi par des mouvements et par des énergies. Chaque situation, quelle qu'elle soit, chaque histoire est elle-même un mouvement et une énergie, qu'il s'agisse d'une histoire d'amour, d'une histoire d'amitié, d'une histoire de voisinage, de relation de travail… comme si le monde était régi par un ensemble… Non, ce n'est pas comme si : le monde est régi par un ensemble de mouvements d'énergies ! Des personnes entrent en relation, l'énergie de l'une se combine avec celle de l'autre et la résultante donne comme une boule d'énergie, comme un mouvement, et ce mouvement est orienté vers un but. Cette énergie se crée d'elle-même et elle peut avoir une intensité variable. Elle éclot pour aller vers son but ultime comme si elle était consciente, qu'il s'agisse d'une histoire d'amour, de haine, d'envie, de réussite, de dispute, de jalousie...

Les histoires vont du tragique au merveilleux avec tout ce que l'on peut imaginer entre les deux. Dans l'absolu, tous les mouvements créés avancent en même temps en fonction de leur intensité, synergies ou oppositions. Ils sont régis par une harmonie globale, et les êtres humains naviguent à vue dans ces mouvements. Chaque mouvement est nourri si l'on s'intéresse à lui, et il prend de plus en plus d'espace et de temps dans notre vie, jusqu'au jour où l'on arrête de le nourrir parce qu'un ressenti intérieur nous fait savoir que l'utilité de cette expérience est désormais dépassée. On se sent désormais dans le calme et la paix. Peu importe la source originelle du mouvement : quand on l'a dépassé et qu'on est resté dans la paix, cette énergie peut tout simplement se dissiper et disparaître. Il se peut aussi que ce soit un mouvement avec lequel on est en phase et qui nous correspond pleinement : on est nourri par lui, on le nourrit et l'énergie perdure…

Quand Missa se détache de ses observations, elle remet tout cela à l'univers et appelle la paix là-dessus afin d'avoir une vision plus large ou arriver au point zéro. Avec une vision large, tout devient plus simple, tout devient limpide et les informations viennent comme une intuition, comme une évidence. Au lieu de se centrer sur un seul point, Missa voit donc tous les tenants et les aboutissants par rapport à ce point. L'expression « La nuit porte conseil » veut aussi dire qu'en prenant du recul, en s'éloignant du problème, en regardant tous les protagonistes d'un système, d'une situation donnée, on peut avoir une vision globale du pourquoi et du comment de la situation : comment l'éviter, comment progresser, comment stagner, comment l'empirer ou comment s'en sortir grandi. La finalité, dans ce mouvement global n'est pas d'avoir raison ou tort, mais d'avancer, d'aller vers son but, vers la solution juste en se préservant autant que possible, en évitant des ressentis trop négatifs, en évitant des situations difficiles à gérer, en restant tout simplement dans la paix et dans la largeur.

Évidemment, cela ne lui est pas venu spontanément, comme cela, un beau matin, mais parce qu'elle l'a demandé, parce qu'elle s'est remise en question chaque jour, parce qu'elle a pris la peine de se mettre au travail en s'observant, en observant ses réactions, ses relations, en observant absolument tout ce qu'il y a autour d'elle et en elle. Dans cette observation du pourquoi et du comment de situations tout à fait anodines de la journée, on voit la source du problème, la source d'une solution, la source de l'action, la source d'un projet à développer. La base de cette prise de conscience est d'avoir de la persévérance, une volonté sincère et de l'honnêteté vis-à-vis de soi-même. Pour pouvoir être honnête vis-à-vis de soi-même, il faut déjà commencer par se mettre dans cet état de grâce décrit plus haut, c'est-à-dire dans l'absence de jugement, dans la bienveillance, dans l'acceptation, dans la tolérance, avec pour principe de base : avoir l'intention de mieux faire.

Bien qu'ayant compris tout cela, de temps en temps, Missa continue à se référer à tonton Gaby. Parce qu'un conseil de tonton Gaby qui peut paraître tout à fait anodin ou ordinaire a souvent une grande portée. Empreint de sagesse, tonton Gaby est accompagné d'une atmosphère chargée d'une haute vibration ! D'une vision teintée, portée par une dynamique de paix…

Dans ses moments de communion, c'est-à-dire quand il se laisse aller à l'énergie universelle et qu'il se laisse porter par elle, tonton Gaby a une vision large, vaste et sage. Cela n'est pas à la portée de tout un chacun. En faisant cela, il prend conscience de ce qu'il est en tant qu'humain et devient conscient du collectif humain, de l'humanité à laquelle il appartient. Nous avons tous cette même appartenance. Dans ce mouvement collectif humain, nous avons tous le même fonctionnement de base. Ici et là, dans l'histoire, certaines personnes sortent du lot : tantôt pour des actes considérés comme positifs, parce qu'elles ont fait des œuvres extraordinaires, dans l'art, la musique, la littérature, la spiritualité… Tantôt parce qu'elles ont au contraire commis des actes ignobles, des guerres, des exécutions en tous genres… Mais quand une personne sort du lot, elle n'en est pas seule responsable, c'est le lot entier qui est responsable de cette éclosion. Quand un dictateur sort du lot, c'est parce qu'il est porté par un mouvement, et quand un sage sort du lot, c'est parce qu'il est porté par un mouvement. Un mouvement est porté consciemment ou inconsciemment par un certain nombre de personnes et par une énergie. En prenant de la hauteur et en regardant l'humanité comme tonton Gaby a la capacité de le faire, on a l'impression que les choses sont cycliques, qu'elles se répètent comme si l'histoire ne nous apprenait rien, surtout dans ce qui est considéré comme mal. Considérons la société actuelle et toutes les problématiques en cours ! Certes, il y a eu des progrès techniques et scientifiques qui nous facilitent la vie, mais la nature humaine elle-même a-t-elle évolué ? Avons-nous réellement progressé ? Qu'est-ce que l'histoire nous a appris ? Et qu'attendons-nous de l'avenir ?

On pourrait symboliser le collectif humain par une seule personne qui porterait la conscience de l'humanité et l'incarnerait ! En regardant en arrière, celle-ci pourrait alors se dire « *Mais pourquoi est-ce que je fais toujours les mêmes choses ? Pourquoi est-ce que je reproduis toujours les mêmes erreurs ? Qu'est-ce que l'avenir me réserve ? Si je continue comme ça, dans cent ou deux cents ans, serai-je encore comme çà ? Que faire pour que cela aille vers un mieux ? Quels sont les moyens que moi, en tant que personne, je peux mettre en œuvre aujourd'hui, ici et maintenant, pour me changer et aller vers un lendemain meilleur ? Je parle en tant que conscience collective de l'humain et je suis l'humain !* »

Cet humain, c'est tonton Gaby, c'est Missa, c'est Fanny, c'est Karl, c'est Gabriel... et c'est le lecteur de ce livre, car celui qui est en train de lire, lui aussi a sa part de responsabilité : il est responsable de son humanité. En effet, la somme des individus fait le tout et la résultante du tout redevient l'un, l'humain. Ce n'est pas le dictateur qui fait des horreurs, c'est l'humanité qui les fait, et c'est également l'humanité qui réalise les belles œuvres ! C'est l'énergie de l'humanité qui fait émerger telle ou telle situation, et cette énergie est composée de la somme des énergies individuelles. Les actions sont accomplies au nom de l'humanité, nous sommes donc tous, absolument tous, responsables. Plus belles seront les énergies, plus belles seront les œuvres !

Quand je dis « moi », je dis « moi » en tant qu'individu et « moi » en tant qu'« Humain », parce que l'humanité est une. Me considérant comme responsable, je me suis mis à l'œuvre tout de suite. Je ne dis pas que je vais tout accomplir parfaitement dès demain, le résultat ne m'appartient pas, il appartient à l'univers ! Mais moi, j'y mets toute ma volonté, comme Missa l'a fait avec tant de persévérance et de courage. Certains pourraient appeler cela de la naïveté, mais c'est de la pureté que de vouloir avancer vers cet objectif. Alors moi, je me suis mis au travail !

Mais toi lecteur, est-ce que tu t'es déjà mis au travail ou alors envisages-tu de le faire ? Comptes-tu le faire tout de suite, ou bien comptes-tu responsabiliser les autres ? Quoi que tu décides de faire, sache que moi, je suis dans l'état de grâce et que quand on est dans l'état de grâce, quoi qu'il arrive, on le considère avec bienveillance, sagesse, paix et amour…

Ce matin-là est un beau matin de printemps. Le soleil se lève comme une belle promesse douce, agréable, portant en elle son propre accomplissement. L'accomplissement d'un vœu réalisable avec de la fraîcheur et de la liberté : le vœu de Missa, de sa mère, de toute sa famille ainsi que de tonton Gaby, d'avancer. En réalité, en ce matin, toutes les promesses sont possibles, car, si l'on prend du recul et que l'on regarde les mouvements de la nature, de notre terre et de notre environnement, un soleil se levant un beau matin de printemps est plein de promesses tenues de manière très habituelle : une promesse de fleurs qui vont éclore, de fruits qui vont murir, de papillons et d'oiseaux qui vont virevolter sous un soleil agréable, réconfortant, réchauffant, un soleil qui donne cette lumière qui paraît tout à fait ordinaire, mais qui est pleine d'énergie, pleine de joie, pleine de satisfaction de contribuer à la vie.

En ce petit matin de printemps, on ressent particulièrement cette énergie de vie qui nous anime. On est comme ravivé, comme nourri, comme porté par la vie et toutes ses promesses de joie. Et si l'on est attentif à notre environnement, on perçoit autour de nous, en toutes choses et en tout ce qui vit, de la couleur et de la joie. On entend aussi de la musique, toujours une symphonie. On voit des papillons de toutes les couleurs, des insectes de toutes les formes, des fleurs odorantes, de toute beauté et un soleil radieux qui caresse tout en douceur, mais dont on devine en même temps la puissance. On ne peut pas se dissocier de cette énergie de vie dont nous faisons partie. Nous sommes portés par elle comme par une maman puissante, réconfortante, pleine d'amour, de douceur et de promesses qui font que l'enfant sait que, là, rien ne peut lui arriver. Nous pouvons aussi nous sentir portés par cette énergie comme par une future maman détendue, sereine, heureuse dans la joie de porter la vie en elle. C'est ce mouvement sacré de la vie que l'on ressentirait chaque seconde si l'on se laissait aller à l'énergie de vie où tout est porté non pas comme un mouvement inconnu, hasardeux, disloqué ou désorienté, mais par un amour qu'on ne saurait expliquer, par une énergie et une joie. Quand on observe ce mouvement, on réalise qu'il est également couleur, beauté, senteur, amour, paix, sérénité et certitude. C'est aussi un mouvement puissant, mais de quelle puissance parle-t-on ? De la puissance de la vie, de cette puissance qui permet à la vie de se reproduire, de se maintenir, d'évoluer et de s'adapter coûte que coûte en prenant en compte tous les paramètres de l'environnement.

En tant qu'humain, si je devais me centrer sur l'énergie de vie qui m'anime, je verrais qu'elle est en action, dans toute sa splendeur dans chaque cellule de mon corps. Dans chaque mouvement que je peux vivre, je suis porté par cette énergie splendide, merveilleuse, puissante… Je crois que les mots manquent pour décrire cette splendeur. Oui, les mots manquent. Il n'en existe pas suffisamment pour expliquer l'énergie de vie. Peut-être que je manque de vocabulaire, mais l'humanité entière manque de vocabulaire parce que quand on se centre sur l'énergie de vie, plus rien n'a d'importance en dehors de cette merveille et de cette puissance. Quand on se centre encore et encore, on ressent de la joie, de la réalisation, de la satisfaction et un amour infini. Et quand on ressent tout cela et qu'on le voit, on se laisse porter par la symphonie de la vie qui connaît toutes les notes, tous les silences, tous les mouvements pour que ce soit juste et harmonieux.

Eh oui ! Je suis l'humain et, en tant qu'humain, je fais partie de ce mouvement. Mon mental et mon individualisme me font croire que j'en suis séparé. Mais je n'en suis évidemment pas séparé, je fais partie de ce tout. Quand je suis vivant, je suis porté par cette énergie, par ce « tourbillon de vie ». Quand on le voit de loin, on a l'impression que le tourbillon est désorienté et destructeur. Or la vie est non seulement loin d'être désorientée ou destructrice, mais elle est perfection dans ses mouvements, son organisation, sa sagesse, et sa puissance. L'énergie de vie porte tout en elle, absolument tout : la terre, la planète Terre, elle-même reliée à tous les systèmes de l'Univers. En considérant la Terre, les espèces vivantes sont interdépendantes les unes des autres. Chaque être vivant est interdépendant d'un autre. Tout est parfait dans un mouvement inexplicable parce que les mots, le mental et l'organisation que l'on connaît jusqu'à présent ne suffisent pas pour décrire cette perfection.

Je suis un humain, je suis celui qui parle ici et maintenant. Missa et toute sa famille sont également des humains. Que veut dire être Humain ? C'est appartenir à une espèce d'êtres vivants dont, au-delà de certaines caractéristiques morphologiques, les capacités mentales sont beaucoup plus développées que chez les autres espèces, ce qui lui donne entre autres des niveaux élevés de raisonnement, de compréhension, de choix et de volonté. Ces caractéristiques génèrent une conscience de soi développée et une grande interaction de l'humain avec son environnement : nous en savons quelque chose. Au regard de la nature, l'être humain reste cependant une espèce vivante comme toutes les autres espèces issues de l'évolution. À ce titre, on pourrait dire que sa conscience se situe sur plusieurs plans : sur le plan de la conscience individuelle de l'homme et sur celui d'une conscience collective d'être humain. Cette dernière est liée à l'espèce et correspond à celle de l'humanité dotée de ce mental développé. Si l'on considère toutes les espèces d'êtres vivants, on constate que chaque espèce est dotée d'une conscience collective qui lui est propre. Depuis la nuit des temps, pour chaque espèce, c'est cette conscience collective qui garantit les savoirs, les comportements individuels et collectifs propres au fonctionnement, à la reproduction, à l'adaptation et à la survie de l'individu et de la communauté. C'est elle que l'on pourrait appeler le génie de l'espèce. Ou alors c'est la Vie qui œuvre dans cette conscience collective pour la survie de l'espèce ! Cette conscience collective de l'espèce fait en sorte de préserver la vie, ou la Vie fait en sorte de se préserver à travers la conscience collective de l'espèce. Les deux mouvements sont complémentaires. Je suis un humain et j'appartiens donc à la conscience collective de l'être humain. Elle me donne des informations, qui ne sont pas forcément d'ordre mental, mais qui appartiennent à mon espèce pour ma survie, ma conduite. Mon mental perturbe la réception de ses messages. L'humain, ayant développé le mental, pense que le fait d'interagir avec son environnement en fonction de ses propres réflexions est le tout qui, quelque part, garantira sa survie. Bien sûr que non : il y a des informations dans la conscience collective qui se sont construites à travers le temps et qui peuvent orienter, comme une intuition, vers la juste attitude dans cette intention. Encore faut-il savoir les entendre.

Le mental ne régit pas la vie elle-même, il régit plutôt le quotidien ordinaire, ou alors il est souvent dans une projection en vue d'éviter ce qu'il craint ou en vue de la réalisation de ses désirs. Cependant, l'être humain est régi, conduit par deux mouvements : une conscience collective de l'espèce et une conscience mentale individuelle. Celle-ci domine actuellement.

La conscience collective de l'espèce humaine concerne tous les humains sur terre. Étant tous de la même espèce et appartenant à la même conscience collective, chaque individu devrait considérer son prochain comme son égal. Cependant, des données géographiques, socioculturelles, religieuses, historiques ou autres ont généré des consciences collectives de groupes avec des croyances associées. On peut ainsi déterminer des consciences collectives de pays, de régions ou même de familles. Mais leurs valeurs devraient cependant rester subordonnées à celles de la conscience collective de l'espèce humaine lorsque des choix s'imposent, et nous voyons actuellement les difficultés vers lesquelles les capacités mentales des hommes les conduisent sur la base de ces consciences de groupes auxquels ils se sont identifiés. Si l'on devait visualiser cela comme une foule, ce serait comme si les milliards d'individus se divisaient en groupes, chaque division étant liée à une histoire, une religion, une langue, une culture ou une situation géographique. Et, dans ces groupes mêmes, on pourrait voir d'autres divisions et ainsi de suite en se rapprochant des individus. Cela serait comme un arbre donnant plusieurs branches par ramification, générant ainsi des appartenances à des groupes bien déterminés et des consciences collectives interagissant entre elles. L'ensemble formerait l'humanité actuelle et, en remontant à la source, en allant vers le tronc de l'arbre et vers les racines, on irait vers la conscience collective de l'espèce humaine qui contient et qui est la source de toutes ces consciences. En allant plus loin, on irait vers la vie et vers l'univers.

Mais en descendant dans les groupes, on se cloisonne de plus en plus jusqu'à arriver à un individu coiffé de plusieurs couches de consciences de groupes. C'est cet individualisme que nous devons regarder aujourd'hui. Nous vivons dans une société de sous-groupes et d'individualisation. Il y en a toujours eu, mais le nombre augmente et les valeurs collectives ont tendance à céder la place à des valeurs individuelles, matérielles, qui entrent de plus en plus en opposition les unes avec les autres. Les ramifications sont nombreuses, l'arbre a pris du volume, mais il perd des feuilles et des branches par-ci par-là, comme s'il était atteint d'une maladie.

Nous avons parlé de conscience individuelle ou collective et c'est la notion d'identité ou plutôt d'identification qui oriente d'un côté ou de l'autre. La conscience fonctionne en s'identifiant. Actuellement, l'identification est plutôt liée à l'individu, et la notion de collectif est peu marquée. Ou alors, l'individu peut s'identifier à un ou plusieurs grands ou petits groupes avec toutes les croyances, valeurs et comportements associés, ou tout simplement à une idée ou une cause, et il oublie qu'il est avant tout un humain, alors que ses valeurs et comportements devraient en priorité être basés, s'aligner sur cette identité d'humain. La petite ramification oublie l'origine beaucoup plus vaste dont elle est issue et qui est pourtant la base de sa vie.

Les personnes dont le mal-être est lié à des questions de reconnaissance ou de légitimité sociales devraient se souvenir que ces dernières sont simplement issues de conventions sociales ou culturelles devenues des habitudes ou des traditions. Cela peut aussi avoir un caractère légal, mais qu'est-ce que le légal sinon des conventions décidées dans un cadre appelé législation ? Face à ces notions, variables d'un endroit à l'autre, la seule identité réelle est celle d'être humain et c'est elle et la vie qui valident l'individu.

Au quotidien, c'est surtout la carte d'identité qui définit les informations identitaires exigées socialement. Comme chacun le sait, celle-ci découle de toutes sortes d'informations, par exemple le genre masculin ou féminin, la date, le lieu, le pays de naissance, le nom, le prénom, et la photographie apporte des précisions supplémentaires relatives à la morphologie, l'ethnie... Sur ces bases, l'individu est considéré comme unique et reconnaissable. Il est la petite ramification en périphérie, au bout d'une des petites branches de l'arbre. Son travail consistera à se libérer de l'identification à des groupes divers pour prendre conscience de l'arbre dont il est issu en remontant à son origine : famille, quartier, ville, région, pays, monde, espèce humaine... Il ne s'agit pas de les nier ou de les renier, il s'agit de prendre conscience du fait que l'identité ne se résume pas à ces notions et que l'humain est beaucoup plus que cela.

Depuis la nuit des temps, la vie s'est organisée pour émerger, se développer et se préserver à travers toutes les espèces dans un équilibre et une harmonie. Ceux-ci sont aujourd'hui menacés par l'homme. La vie s'organise à travers des consciences spécifiques pour chaque espèce, comme la conscience des fleurs ou celle des arbres, avec des sous-groupes, par exemple le jasmin qui représente une petite branche de l'arbre dont nous parlions plus haut. Le jasmin a une conscience collective par rapport à son espèce de jasmin. Il possède aussi ses sous-groupes liés à des variétés différentes de jasmin. Les plantes ont des données qui leur sont propres et qui dictent leur survie par rapport à une situation géographique, climatique, ou à toutes sortes d'éléments (prédateurs…). La conscience collective de certaines fleurs interagit avec la conscience de certains insectes, par exemple des papillons ou des abeilles, et celle des abeilles interagit avec la conscience collective d'autres fleurs... Ainsi, de cette interaction, la vie émerge et se maintient. On le voit également au niveau des espèces parasites, commensales, symbiotiques, ou bien quand, dans le cycle de reproduction d'une espèce, une ou plusieurs autres interviennent. La vie régit donc un ensemble de consciences et elle est elle-même une conscience qui donne des branches : des consciences et des consciences... Ces consciences collectives elles-mêmes donnent des subdivisions qui interagissent entre elles. Elles font partie de cette symphonie, de cette danse parfaite qu'est la vie. La conscience collective humaine en fait partie… Par ailleurs, un individu a une conscience individuelle propre qui va interagir avec son environnement par un processus d'identification.

La conscience mentale, au-delà des critères d'identité sociale vus plus hauts, se crée plusieurs identités que l'on pourrait appeler

« fonctionnelles » liées au contexte dans lequel elle se trouve. On peut citer comme exemple « fils ou fille de, étudiant, voisin, professionnel de tel ou tel métier, adhérent à telle association ou telle communauté, parent, frère de, victime de… », chaque identité portant ses croyances et ses valeurs qui peuvent même parfois être conflictuelles chez un même individu et générer un motif de consultation chez un thérapeute…. Mais, au-delà de qui nous croyons être et de ces identités fonctionnelles dont certaines sont plus ou moins évolutives dans le temps, nous pouvons nous poser la question de savoir qui nous sommes réellement lorsque nous en sommes détachés.

La conscience physique concerne les organes présents dans le corps. Chaque organe a sa propre conscience et il est également composé lui-même de cellules dotées chacune de leur propre conscience animée par l'énergie de vie. Le tout interagit pour être au service de la personne et de la vie. Ces notions sont prises en considération dans certaines médecines dites holistiques.

Missa, comme tous les enfants de l'espèce humaine, s'est construite et construira son identité. Jusqu'à l'adolescence, l'enfant vit dans l'amour et sous la protection de ses parents et son identité se confond avec celle des parents. Il est bien connu qu'à partir de l'adolescence, on se construit en tant que personne, en tant qu'individu séparé et, qu'à partir de là, on construit son propre modèle. C'est propre à Missa, c'est propre à tous les adolescents de l'espèce humaine. Cependant, on ne se construit pas un beau matin parce qu'on a 14 ou 16 ans, et que l'on est adolescent. L'identité s'est construite depuis la naissance, mais, jusqu'à l'adolescence, en général on se laisse mener par l'identité de ses parents, on se laisse bercer, on a besoin de sécurité, d'amour, de protection, de se laisser porter, physiquement, moralement, sentimentalement, d'être entouré et enveloppé par ses parents. Mais quand arrive l'adolescence, on découvre ce besoin de s'émanciper, de structurer sa propre identité, de penser par soi-même et pour soi, d'avoir ses propres buts. Dans la petite enfance, c'est maman qui décide si on peut aller jouer au parc ou pas. À partir de l'adolescence, le « je » s'installe de plus en plus : « *J'ai envie d'aller au parc* », « *J'ai envie d'aller au cinéma* », et « Je » défends ce désir. Le mot « je » prend toute sa puissance et toute sa place. Il s'est construit depuis la naissance, mais il se révèle à l'adolescence : au-delà du développement corporel, on se découvre un mental, on se découvre une organisation, certaines capacités et un fort besoin de les affirmer : d'affirmer son identité personnelle.

On dit depuis longtemps que l'adolescence est difficile, que l'enfant est dans la rébellion, ou dans le rejet. Pour que cette identité personnelle propre à Missa et à tous les enfants du monde puisse de révéler dans la paix et la largeur, l'idéal est de leur communiquer, dès le plus jeune âge, plusieurs valeurs, et de les responsabiliser sur leur mise en œuvre, à commencer par celles de l'altruisme, de la bienveillance, du respect, du partage, du sens du collectif et de la considération de tout ce qui existe dans la nature, valeurs qui, plus tard, leur permettront d'être en phase avec la conscience collective de l'humanité.

Si l'on regarde quelques années en arrière dans l'histoire, les mal-être et crises d'adolescence existaient, mais il y avait moins de cas de dépression : peut-être leur accordait-on moins d'importance, mais peut être aussi y en avait-il moins parce que les sociétés étaient moins individualistes et plus collectives : l'union fait la force et c'est cette force collective qu'on allait puiser pour construire sa propre personne et être en phase avec une des valeurs qui caractérise un groupe harmonieux : le sens de l'autre.

☼

Missa a décidé d'aller voir tonton Gaby et de passer quelques jours en sa compagnie parce qu'elle a besoin de certains éclaircissements. Après des semaines et des mois de méditation, de remise en question et de bonne volonté, certaines questions émergent et elle sait que tonton Gaby lui apportera sa sagesse et ses lumières. Avec l'accord de maman et de papa, elle a saisi l'opportunité de vacances scolaires pour aller passer quelques jours chez lui. Les retrouvailles sont chaleureuses et chargées d'émotion.

Quelque temps après vient le moment où ils se sentent prêts à aborder certains sujets :

– Je suis vraiment très contente de te revoir, tonton ! lance Missa.

– Alors, comment vas-tu ? lui répond-il avec un léger sourire tout en la regardant droit dans les yeux.

C'est dit avec ouverture, bienveillance et Missa sait qu'elle peut s'exprimer avec franchise.

– Eh bien, je me suis dit que j'allais passer quelques jours avec toi parce que j'ai le sentiment d'être arrivée dans une impasse, dit-elle en faisant une légère grimace.

– Ah bon ? Eh bien, veux-tu que nous en discutions en allant nous promener, manger une glace ou bien préfères-tu que nous entrions dans le vif du sujet en restant ici sur la terrasse ?

Pour toute réponse, Missa reste assise et poursuit en résumant la pratique mise en place avant d'ajouter :

– Voilà, je mets de la volonté, mais, en fait, quand je suis dans certaines situations, je me rends compte que certains de mes comportements sont récurrents : quelquefois je déguise un peu la vérité pour l'arranger à ma façon, que ce soit vis-à-vis de ma famille ou de mes copains. Quelquefois, je me valorise un peu histoire de dorer mon image, et parfois, je mens pour arranger une situation.

– Et ? demande tonton Gaby.

– Ben, des fois, je m'en veux de ne pas y arriver, je m'en veux de ne pas avancer, je m'en veux de ne pas être dans la paix, dans la sérénité, dans l'état de grâce comme tu me l'avais appris, tonton. Par moment, j'ai l'impression que ça redevient une notion lointaine.

– Missa ! reprend tonton Gaby. Les choses auxquelles tu aspires ne viennent pas comme cela, un beau matin, parce que tu l'as décidé. Quand bien même tu fais faux, il faut de la persévérance, comme je te l'ai dit. Quand bien même tu mens, tu te mens à toi-même avant de mentir à ton entourage. Je te demande simplement de regarder ceci avec bienveillance et de continuer à en prendre conscience. Si tu faisais vingt fois faux auparavant, l'idéal, c'est de ne faire que quinze fois faux désormais. Et tu vas voir qu'au fur et à mesure que le temps passera, les choses s'adouciront tout simplement, et qu'elles finiront même par s'estomper pour laisser place à la vérité.

– Oui, mais tonton, face à cet individualisme, à cet égoïsme ou à la mauvaise foi auxquels je fais face tous les jours, je ne sais pas si les choses peuvent réellement changer en moi et autour de moi. Face à la violence, j'ai l'impression que je dois réagir par la violence, et que, face aux piques, je dois réagir par des piques…

– Missa, mon enfant, si je suis arrivé aujourd'hui à te parler comme je te parle, c'est que tu as la capacité nécessaire, non seulement pour me comprendre, mais pour avancer sur le chemin de la liberté, de la paix, de la joie. Par exemple, comment réagir à la jalousie ? Par la jalousie, sachant qu'elle est destructrice ? C'est un sentiment qui détruit d'abord la personne qui la ressent. C'est comme une bougie qui se consume. Je te demande de la bienveillance et de l'amour, car avant de vouloir changer ton entourage, ta famille, tes amis, tes copains de classe, il est plus simple de te changer toi-même, mon enfant. Et parce que, désormais, tu vas être la lumière, cela va changer au fur et à mesure autour de toi et à travers toi. Sois donc cette lumière, sois limpide, sois bienveillance ! Les choses s'organiseront autour de toi, pour toi. Ne sois pas actrice de la violence ou de l'ignorance, quelles qu'elles soient. Sois toi-même, cherche le mouvement juste, l'attitude vraie et laisse venir les choses… Quand une question émerge, c'est que la personne est prête non seulement à obtenir la réponse, mais également à l'entendre, à la comprendre, et à la vivre.

☼☼☼

Pour éviter de répondre du tac au tac avec une vision limitée et pour donner les réponses les plus justes possible à Missa, tonton Gaby se met en mode méditatif afin d'avoir une vision large des choses et laisser venir à lui les réponses. Si l'on se focalise et que l'on se centre sur un point, on peut ignorer tous les autres éléments qui gravitent autour de ce point. Si l'on répond juste mentalement avec nos filtres, on peut, sans le vouloir, éliminer certains éléments qui entrent en jeu. Alors, il s'ouvre et se laisse aller pour considérer tous les paramètres afin de répondre avec le plus de largeur et d'élévation possible. Pour ce faire, il se met dans le calme et explique à Missa que ce qu'on appelle « identité » représente une énergie, un plan, une conscience et que le monde dans lequel nous vivons ainsi que tout l'univers est régi par des consciences, que nous-mêmes nous sommes une conscience, voire plusieurs consciences en fonction du plan sur lequel nous nous situons : une personne physique, une personne morale, une personne psychique ou un groupe, comme une famille. Dans ce monde dans lequel nous vivons, cette énergie que nous sommes en tant que personne interagit avec d'autres personnes, c'est-à-dire avec d'autres énergies. Dans ces interactions, les énergies de même niveau vont se nourrir l'une l'autre. Si l'on parle, par exemple, de la violence, répondre à la violence par la violence, c'est nourrir la violence. En la nourrissant, on la récupère et ainsi de suite. Cette énergie de violence va donc continuer, s'autoalimenter parce qu'on lui donne de l'importance, de la place. Mais on peut aussi choisir de s'éloigner de la violence quand on la perçoit. Par moment, néanmoins, l'orgueil fait qu'on veut absolument prendre sa revanche. L'énergie que l'on va fournir pour nourrir cette revanche s'appliquera chez l'autre, mais nous nourrira nous-mêmes également. On réagit, on donne de l'énergie à la violence et, dans cet échange, on est quelque part consumé par elle. Peu importe que l'on soit la victime ou l'agresseur, répondre à la violence par la violence, c'est donner de l'énergie à la violence. Je parle de la violence, mais cela peut être de la jalousie ou un sentiment de rejet, peu importe le sentiment. Mais il peut aussi s'agir d'un sentiment de joie, d'un sentiment d'amour… Quand on donne de l'amour, cette énergie est créée, on la nourrit et on la récolte… Cela se passe dans le cadre d'un échange d'une personne à une autre, mais cela se fait également d'une communauté à une autre, d'un groupe à un autre. Dès qu'il y a une interaction, dès que l'on communique, on nourrit une énergie, quelle qu'elle soit, parce que nous sommes nous-mêmes des énergies, des consciences. En fait, la vie elle-même, elle est régie par des énergies et par des consciences conscientes d'elles-mêmes et de leurs fonctions, ou bien parfois conscientes de leurs fonctions, mais pas forcément d'elles-mêmes. Et chaque énergie a un but.

Le monde actuel est régi globalement par trois catégories d'énergies : l'énergie physique, l'énergie de la vie et l'énergie mentale :

- L'énergie physique est l'énergie de la matière avec tous ses états.
- L'énergie de la vie peut également être appelée l'énergie de mère Nature, l'énergie du sacré. L'expression « *La nature est bien faite* » vient du fait que cette énergie fait toujours en sorte que la vie perdure et s'adapte. Cette énergie se retrouve dans toutes les espèces vivantes. Dès lors que l'on est vivant, on est porté par l'énergie de vie qui est pure et est essence de vie. Cette énergie vitale a des composantes propres aux humains du fait de leur développement mental et l'on peut en définir des niveaux qui influent sur le mental et sur le comportement. Il y a l'énergie vitale dite « supérieure », empreinte de ce que l'on appelle les valeurs

humaines : générosité, amour, sens de la bienveillance, du juste, du vrai, mais il y a également l'énergie vitale qu'on pourrait appeler « inférieure » dans laquelle on peut trouver certains sentiments comme, la jalousie, la rivalité, l'égoïsme, l'envie, la domination, la cupidité, la méchanceté. Il n'y a pas de bien ou de mal dans ces notions de supérieur ou inférieur, c'est juste que quand un point existe, il existe également un opposé, et que nous, les humains, nous naviguons entre ces deux mouvements. Il est naturel de ressentir de l'énergie vitale, mais il est difficile de trouver le bonheur dans l'énergie vitale inférieure : il ne peut se trouver que dans l'énergie vitale supérieure.

- Il y a ensuite l'énergie mentale, propre à l'homme, avec diverses capacités et plusieurs niveaux en fonction des individus.
- Au-delà de ces trois catégories d'énergies, nous avons également ce que je peux appeler l'énergie du Céleste, du plus haut, l'énergie lumière, libératrice, amour. Certaines personnes diront que c'est l'énergie divine, d'autres diront que c'est l'énergie d'amour, de bien-être, de paix, de plénitude. On peut l'appeler comme on veut et la description de cette énergie est propre à tout un chacun : il n'y a pas de vrai, il n'y a pas de faux. Il s'agit d'une énergie pure, empreinte d'amour universel, de paix infinie, de silence, de calme, de plénitude, de certitude, et le monde est maintenu grâce à cette énergie. Sans cette énergie céleste, le monde vital s'écroulerait. Il a un équilibre parce qu'il est maintenu par cette énergie.

Tonton Gaby explique donc à Missa que notre vie est régie par des énergies et que tout ce qui nous arrive n'est pas un hasard : ce sont des expériences. Parce que, quelque part, sans qu'on le sache consciemment, en tout cas mentalement, chaque parcelle de notre corps appelle l'énergie céleste, l'énergie du plus haut. Quand on rencontre des situations plus ou moins difficiles, c'est parce que tout notre être veut grandir pour cheminer vers le céleste. Il n'y a pas de hasard : les situations gênantes qui se répètent sans que l'on sache pourquoi, en réalité, c'est notre être qui les attire et, tant que nous ne les avons pas dépassées, elles se représentent.

Nous sommes énergie ; celle-ci est projetée dans l'univers et revient ensuite vers soi. Il n'y a pas de hasard, nous avons tous un rôle à jouer dans ce qui nous arrive et qui génère un mal-être : celui de ne pas rester sur le statut de victime en dépassant la situation et en modifiant l'énergie que nous projetons. Il ne faut pas s'offenser de ces mots. Évidemment, certaines personnes vivent des souffrances telles qu'il est difficile d'envisager cette action, ou bien cela peut nécessiter un certain temps.

Mais le but n'est pas de vous amener vers la souffrance, de la valider ou de vous culpabiliser alors que vous souffrez déjà, le but est d'en sortir pour aller vers la libération. Quand nous vivons des expériences générant un mal-être, il faut donc aspirer vers le plus haut et l'énergie de ces expériences deviendra caduque. Elle va tout simplement s'évanouir, s'effacer parce que là où se trouve la lumière, les ténèbres ne peuvent exister. Il n'y a pas de hasard. Ce que nous rencontrons dans notre vie, c'est notre empreinte énergétique qui nous revient. Pour pouvoir sortir de certaines situations, nous devons appeler la lumière, l'énergie du plus haut pour rester dans la paix et dans la sérénité, quoi qu'il se passe. Une fois cette lumière et cette sérénité reçues, la leçon sera assimilée et l'expérience pourra se dissiper naturellement.

Il est à la portée de chaque être humain d'appeler cette énergie de paix, d'amour, de bien-être. Mais comment faire pour appeler l'énergie d'amour quand on ressent des sentiments abominables, quand on est séquestré, blessé, quand on a souffert ? Certaines religions, certaines pratiques, certains sages disent que le pardon est libérateur. Cela a déjà été dit, et je le redis : oui, le pardon est libérateur ! Pardonner n'est pas pour l'autre : peu importe son devenir. Le pardon ne justifie pas l'acte à pardonner. Quand on pardonne, c'est d'abord pour soi, pour se libérer. Car c'est uniquement une fois libéré que l'on peut de nouveau s'ouvrir à la joie, à l'amour et à la plénitude qui sont en nous : le pardon ouvre un chemin vers soi.

# Épilogue

Je suis dans un paysage.

Ce paysage est une prairie verdoyante avec une belle herbe fraîche parsemée de fleurs. De grands arbres majestueux s'élèvent, ici et là. Un beau soleil brille au zénith dans un ciel limpide, un soleil qui réchauffe, qui adoucit, qui rassure, qui nourrit. C'est un soleil qui est énergie, qui fait partie du tout. Il est dans la même énergie que ces fleurs, que cette brise qui souffle, que cette herbe fraîche, que ces arbres… C'est un soleil doux, agréable, nourrissant et rempli de force comme tout ce qui est présent en ces lieux.

Quand je me redresse et que je porte ma vue à distance, j'aperçois un horizon lointain comme s'il était à l'infini, et c'est comme si cette prairie, avec son herbe fraîche, nourrissante, douce et agréable, était également infinie. Et ces belles fleurs ! Sur celles-ci, je vois tantôt des papillons, tantôt des abeilles, tantôt d'autres insectes, et tout leur va-et-vient donne un mouvement global, comme un tout, comme une symphonie où chaque note est à sa place.

Je suis là, au milieu de ce spectacle, dans la paix et la sérénité.

Si je porte le regard sur moi, j'ai l'impression d'être une vache maigre, et, en même temps, je suis l'humanité. Quand je lève la tête et que je regarde vers cet horizon, à l'infini, je vois qu'il y a énormément de vaches maigres. Si je me concentre et que je regarde avec plus d'attention, j'ai l'impression que ce sont mes sosies : comme si nous étions des milliards. Je reviens alors sur moi et je me perçois à nouveau comme une vache maigre dans cette prairie.

Le temps s'arrête alors que je m'interroge : pourquoi cette maigreur ? Pourquoi suis-je si maigre alors qu'il y a tant d'abondance ?

Je lève la tête et je vois ce soleil qui me promet un avenir certain, un lendemain serein parce que, quoi qu'il se passe, il se lève tous les jours. Cette terre nourricière est là, elle ne bouge pas, elle est comme paisible, comme certaine. Je me laisse aller à ce sentiment de paix que je ressens dans cette atmosphère, et je perds la notion du temps…

Je reviens à moi en me demandant de nouveau : pourquoi suis-je si maigre ? Je lève la tête et je revois toutes ces vaches, ou plutôt toute cette humanité, puis encore toutes ces vaches à perte de vue, maigres...

Mais pourquoi cette maigreur quand on se trouve dans cette abondance ? Je lève alors les yeux au ciel et lui adresse la question : pourquoi cette maigreur alors qu'il y a tant d'abondance ?

Après un instant, je sais, j'ai la réponse, c'est une évidence. C'est comme si quelqu'un me disait : « *Mets-toi au travail, mets-toi au travail, mon enfant, tu es dans l'abondance ! Baisse-toi et mange, mange cette herbe ! Vis le moment présent et mange ! Mets-toi au travail ! Mets-toi au travail ! Mets-toi au travail…* » Ces mots de la vie continuent de se répéter doucement dans mon esprit, dans l'esprit des vaches, dans l'esprit de l'humanité.

*Cher lecteur,*

*J'espère que tu as apprécié le voyage, l'aventure, l'expérience.*

*Sache qu'il y aura une suite…*

Achevé d'imprimer en France par

Centre
Littéraire
d'Impression
Provençal

imprimerie-clip.com

Imprimé sur papier **Clairefontaine** fabriqué dans les Vosges.